Le Network Computing

Editions HERMES
8, quai du Marché-Neuf
75004 Paris

ISBN 2-86601-655-6

Catalogage Electre-Bibliographie
Sandoval, Victor
Le Network Computing : enjeux pour l'entreprise. – Paris : Hermès, 1998.
ISBN 2-86601-655-6
RAMEAU : entreprises : réseaux d'ordinateurs
réseaux d'ordinateurs : architectures
DEWEY : 004.8 : Informatique. Traitement des données.
Interfaces et communications. Réseaux.

Le Network Computing

enjeux pour l'entreprise

Victor Sandoval

HERMES

Serveur web : http://www.editions-hermes.fr

Table des matières

Chapitre 1

Présentation du Network Computer

Le NC est une “machine” simple à utiliser, un terminal intelligent, c’est-à-dire pourvu d’une mémoire interne, supportant un environnement GUI (*Graphical User Interface*) extrêmement riche, dans lequel les logiciels sont chargés à partir d’un serveur connecté au réseau. L’utilisateur n’a pas besoin de support logiciel.

C’est un matériel compact permettant le traitement de la vidéo, du son, des images, du texte et des données structurées. Ce sont des terminaux d’échanges interactifs qui permettent d’aider à résoudre des problèmes connus comme par exemple la loi d’Amdhal. Cette loi s’exprime de la manière suivante : peu importe le type de réseau, qu’il soit filaire, optique, hertzien, satellitaire ou autre, son efficacité ne dépend que de ses capacités de transmission de données à l’entrée et à la sortie.

1.1. Catégories de NC

1.1.1. *Vers de nouvelles machines*

L'une des explications les plus simples du réel besoin de s’équiper en matériel NC, a été fournie par les statistiques énoncées par Larry Elison lors de la présentation de la *Network Computer Architecture* (NCA), depuis

New York[1]. Selon le conférencier, 30 % des ménages américains seraient équipés d'un PC. Ce pourcentage ne serait que de 10 % en Europe et au Japon, et de 2 % dans le reste du monde.

Ces chiffres, qui semblent correspondre à la réalité, expriment un besoin colossal en matière d'équipement de machines plus ou moins intelligentes. A l'heure où le monde plonge dans l'ère de l'information, laquelle devient, dès lors, la matière première fondamentale, les produits "informations" et issus de l'information représentent le premier secteur des économies les plus avancées [SAN 85]. A ces chiffres, il faut encore en ajouter deux autres : d'une part, celui des entreprises non équipées ou sous-équipées en PC et, d'autre part, celui des entreprises déjà équipées en PC mais ayant des problèmes de coûts croissants, et qui dans un monde en réseau (seul moyen d'être compétitif dans l'avenir) peuvent devenir exorbitants. On voit alors l'immense fossé à combler par de nouvelles machines informatiques, mais lesquelles ?

1.1.2. *Evolution des architectures des systèmes*

Un point important pour comprendre l'étape actuelle du développement des systèmes de communication est celui de l'évolution des architectures de systèmes. Les auteurs utilisent les critères les plus divers pour décrire cette évolution ; nous avons choisi une représentation conventionnelle par périodes qui donne, probablement, un meilleur aperçu de l'enjeu actuel et de l'évolution de la technologie de ce que nous appellerons l'espace de traitement de l'information. Cette notion est de plus en plus utilisée par les constructeurs informatiques et semble très voisine de la notion de "*virtual room*" [SAN 97].

Au cours de ces deux dernières décennies, l'informatique des organisations a changé profondément, depuis l'époque des mainframes, utilisés seulement par des spécialistes, aux machines client/serveur installées sur chaque bureau et, finalement, à l'actuelle orientation. Ces changements résultent d'innovations continues et discontinues. Les innovations continues incluent des changements tels que des puces plus rapides ou des interfaces plus conviviales. Les innovations discontinues sont généralement assimilées

---

1. Conférence de Larry Elison, New York, juin 1997.

à un changement de paradigme, c'est-à-dire, une manière complètement différente de faire les choses (par exemple, passage du télex au fax ou du mainframe à l'informatique distribuée). L'innovation discontinue apporte de nouvelles opportunités et de nouveaux défis à relever.

1.1.2.1. *Les systèmes centralisés*

Dans les années 1970, l'informatique d'entreprise tournait autour de systèmes centralisés qui servaient de sources à toutes les applications, données et calculs. Le mainframe conduit à cette informatique d'entreprise centralisée autour d'un ordinateur central, directement accessible via les "*dumbs terminals*" (terminaux passifs ou non intelligents) connectés. Cet ordinateur central offre un certain nombre d'avantages aux organisations :

– centralisation,

– coût modéré par poste de maintenance et administration allégée,

– capacité à faire tourner plusieurs bureaux (style 3270),

– contrôle centralisé,

– haut niveau de sécurité et d'intégrité,

– puissance informatique extensible et capacité du stockage de données accrue,

– fiabilité.

Mais même si l'administration est faite directement, ce paradigme présente de nombreux inconvénients, sa performance est limitée et les applications ont des fonctionnalités pauvres avec des interfaces coûteuses, basées sur le texte. A terme, les systèmes centralisés avec des *dumbs terminals* vont se montrer coûteux et difficiles à multiplier. Finalement, ces plates-formes sont chères et non louables ; les entreprises découvrent, une fois leur achat de matériels effectué, qu'elles sont « liées » au vendeur dans le sens où elles sont dépendantes des solutions qu'il propose face à n'importe quel problème. Tout cela conduit à :

– un niveau élevé de l'investissement en matériel (au début),

– un coût élevé de l'accroissement de la capacité informatique,

– un usage limité aux professionnels les plus proches de l'activité,

– des écrans terminaux qui prennent un espace de bureau trop important,

– un traitement de travail inefficace dû aux délais de frappe (partage entrée/sortie), et pas assez de flexibilité.

1.1.2.2. *Les PC*

L'ordinateur personnel donne du pouvoir aux individus en leur fournissant le contrôle sur les ressources informatiques et leur utilisation a progressé rapidement en raison de la grande disponibilité du matériel et du logiciel. Mais les PC ont aussi un certain nombre d'inconvénients. Premièrement, ils sont chers et leur administration pose de nombreux problèmes. Deuxièmement, le manque de centralisation des données rend difficile le processus d'accès aux données critiques. Troisièmement, la dissémination incontrôlée des données sensibles aux bureaux PC peut menacer la politique de sécurité de l'entreprise. Nous étudierons en détail ces questions ultérieurement.

1.1.2.3. *Le client/serveur*

Au début des années 1990, le traitement client/serveur émergeait. Des solutions logicielles avancées introduisaient alors plus de liens intelligents entre les clients et les serveurs.

La connectivité des composants client/serveur

L'architecture client/serveur est un sous-ensemble du traitement coopératif qui à son tour est un sous-ensemble du traitement distribué. Mais l'environnement de ce dernier n'est pas justement conçu pour le modèle client/serveur. Les facteurs qui contribuent à l'intérêt pour les systèmes distribués sont :

– les avances technologiques dans la technologie micro-électronique rendant plus attractif le rapport prix/performances de systèmes multiples grâce à ses faibles coûts et à sa haute performance ;

– les coûts d'interconnexion et de communication qui chutent significativement ;

– la demande des utilisateurs qui rencontre des solutions plus économiques, plus sophistiquées, plus rapides et fiables.

Dans l'architecture client/serveur, le système client et le serveur sont bâtis sur la base d'un certain nombre de composants interconnectés. Chaque composant fournit une interface à travers laquelle il communique avec les autres composants. Dès lors, la communication entre client et serveur peut être considérée comme une communication entre des composants. Deux types distincts de composants sont les composants de processus et les composants de ressources. Les premiers sont des composants logiciels qui réalisent certaines fonctions. Les seconds fournissent les serveurs nécessaires aux composants de processus. Du point de vue des interactions client/serveur, un composant de ressource active agit comme un serveur. Les utilisateurs de la ressource et les composants processus agissent comme des clients.

L'un des atouts des systèmes distribués est la possibilité de pouvoir partager les ressources. Dès lors de nombreuses ressources vont s'interconnecter permettant aux systèmes de communication de partager les ressources. Les systèmes interconnectés forment un réseau qui peut commuter des messages ou des paquets d'informations entre différents sites, systèmes terminaux et programmes.

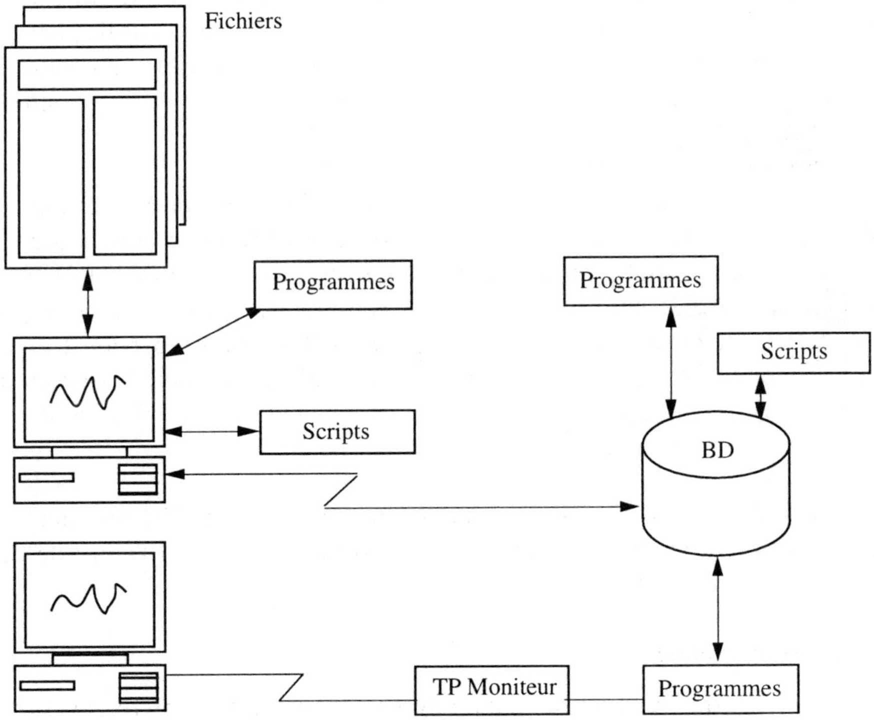

Figure 1.1. *Architecture client/serveur*

La figure 1.1 montre une vue du client/serveur actuel. On voit que ce modèle présente de nombreux points positifs : modèle bien compris, fiabilité, exploitation opérationnelle, puissance, interface graphique. Mais il a aussi des points négatifs : gestion/développement complexe, extensibilité limitée. Nous reviendrons sur certaines de ces questions dans les chapitres suivants.

1.1.3. *Le concept de NC*

Le concept de NC a été lancé par Larry Elison, président d'Oracle, lors de son passage à Paris pendant l'été 1995. Oracle et ses promoteurs actuels définissent le NC comme une machine simple à utiliser, un terminal intelligent. Ce terme décrit un matériel bon marché supportant une interface utilisateur graphique conviviale (GUI), dans laquelle le logiciel sera chargé à partir de serveurs connexes au réseau, ce qui veut dire que l'utilisateur n'a pas besoin de support logiciel. Il est conçu comme un matériel compact pour traiter la vidéo, le son, les graphiques en plus du texte et des données structurées [TRI 97].

Le mérite d'Oracle est d'avoir défini un nouveau concept de terminal, le NC universel (ou *NC Reference Profile*). Oracle estime que si l'investissement initial pour un PC standard reste stable à 3 000 dollars, il limite néanmoins le marché. Par ailleurs, cette même société estime que le coût de maintenance d'un PC est d'environ 8 000 dollars par an. Le NC devrait occuper, tôt ou tard, une place non négligeable dans les parcs de machines informatiques des entreprises où l'incidence des coûts et l'interactivité sont essentielles.

Deux catégories de NC sont à distinguer [TRI 97] : les NC familiaux et les NC professionnels, selon qu'ils sont destinés à l'un ou à l'autre de ces marchés.

Le NC professionnel

Le concept du NC modifie le paradigme actuel des réseaux fondés sur le PC, en partant de constats élémentaires sur les utilisations actuelles de ces derniers et du besoin de produire un outil très bon marché qui soit à la portée de tous. On sait que les PC sont la plupart du temps utilisés pour écrire, lire, envoyer ou recevoir du courrier, ou encore consulter des bases de données. L'investissement initial des PC et surtout les coûts de maintenance restent élevés : la gestion à l'année reviendrait aussi cher que l'achat.

A la base, le NC est constitué d'un RISC CPU (processeur), de quelques Mo de mémoire, d'une interface réseau, d'une interface entrée/sortie et d'une voie d'accès au réseau. Le NC présente une page d'accueil individuelle, à partir de laquelle chaque utilisateur peut naviguer sur l'Intranet ou l'internet, envoyer des e-mails ou composer des documents qui peuvent être sauvegardés de façon sûre et ceci directement dans le serveur. Il a aussi la capacité de recevoir et d'envoyer du son et de la vidéo, lorsqu'il existe une largeur de bande appropriée.

Le NC s'adresse donc, premièrement, au marché des entreprises avec une infrastructure MIS (*Management Information System*) puissante. Ici, un grand nombre de NC seront intégrés dans le Web Intranet ou dans les LAN existants. Le NC suffira pour la plupart des utilisateurs, dont les tâches informatiques sont limitées au courrier électronique, au traitement de texte et à l'accès au Web. Le NC coexistera sur le même réseau avec les PC conventionnels nécessaires pour des utilisateurs ayant besoin de puissance.

Le NC familial

Cette catégorie est destinée, essentiellement, à couvrir le marché des "Set Top Box" ou "décodeurs TV" et donc, à se greffer sur le parc de téléviseurs qui deviendront ainsi portables. Ils sont appelés *Personal Network Computer* (PNC). Ce décodeur permet l'affichage des données numérisées non plus sur un PC mais directement sur l'écran d'un poste de télévision. Cette technologie ouvre des perspectives d'utilisation nombreuses. Son coût est peu onéreux puisqu'elle permet l'économie d'un PC et le Set Top Box n'empêche pas le poste de télévision de fonctionner normalement. La figure 1.2 montre un exemple de Set Top Box tel qu'il est conçu pour servir dans un environnement VBI (*Vertical Blanking Interval* [TRI 97]). En fait, les PNC accompagneront l'utilisateur partout où il se trouve, en lui offrant les moyens de communiquer (téléphone, fax, e-mail, consultation du Web, etc.) comme, par exemple, le Nokia 9000.

Un ensemble typique de NC doit inclure :

– un pager à deux voies (périphérique permettant d'envoyer ou de recevoir du courrier électronique ou des informations sélectionnées, telle que le cours d'une action en bourse) ;

– un PDA (*Personal Digital Assistent*) qui communique sans fil et permet d'organiser l'information utilisée chaque jour (numéros de téléphones, rendez-vous, listes etc.) ;

– un terminal Web : outil de bureau destiné à naviguer sur le Web aussi bien qu'à traiter le travail et à envoyer et recevoir le courrier. Il a besoin d'une connexion opérationnelle TCP et de capacité pour utiliser HTML, des graphiques et des images. Il s'agit d'un outil bon marché, idéal pour naviguer sur le Web ;

– ISDN Video Phone : outil de bureau destiné à effectuer des appels téléphonique par vidéo, mais aussi à enregistrer et à trier les messages vidéo et les clips ;

– Set-top Box : un certain nombre d'outils est destiné à la télévision. Ces outils sont capables d'utiliser le large éventail de services interactifs qui existent actuellement.

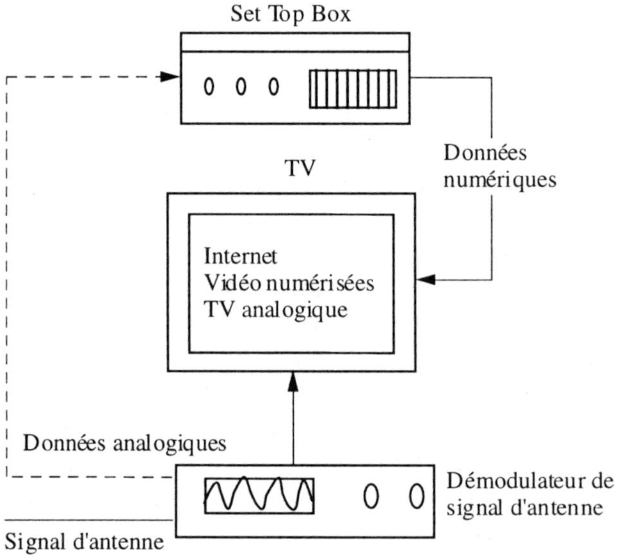

Figure 1.2. *Set Top Box*

1.2. Caractérisation du NC

Le coût relativement faible de ce terminal devrait permettre une utilisation très large. En effet, les NC sont spécialisés dans la réalisation de tâches précises : certains sont orientés principalement vers la communication, d'autres vers la navigation, et d'autres encore, simplement vers les jeux.

Faciles à utiliser et ils nécessitent des coûts de maintenance peu élevés. De plus, les changements de logiciels seront transparents et l'utilisateur final ne sera jamais incommodé. En effet, aucun utilisateur de téléphone n'est gêné ni ne sait quand un opérateur effectue des réparations ou des transformations techniques majeures, sinon qu'il bénéficie directement des améliorations qui vont en résulter. La situation est similaire pour le NC.

Le Web opérationnel

Le NC, fonctionnant comme un système opérationnel standard, transforme le bureau PC en bureau virtuel de l'Intranet ou de l'internet, avec un environnement centré sur le Web. Le NC remplace le bureau PC par un *browser* dynamique dès que l'outil tourne et que l'utilisateur s'identifie. Une page d'accueil client apparaît avec l'information et la communication utilisateur. Cela permet une facilité d'emploi nettement supérieure à celle de la génération actuelle de browsers, ce qui amène à dire que nous sommes probablement face à une sorte de super minitel. Il y a ici, peut-être, une chance pour l'industrie et les opérateurs français qui possèdent un savoir-faire unique au monde en la matière. Mais cela ne peut se faire qu'en travaillant dans un monde globalisé, ce qui implique de nouer des alliances avec des partenaires étrangers. Par exemple, il est clair que seul le système télétel offre une sécurité éprouvée pour faire du commerce électronique, le nouveau cheval de bataille des grandes firmes à travers le monde.

Le NC supporte les standards tels que HTML et HTTP, les standards émergents comme Java [SAL 96], les standards d'accès tels que SQL et CORBA et les standards audio/vidéo comme MPEG2 [MAD 97].

Un exemple de respect des standards est la compatibilité de l'architecture Web Universel d'Informix avec l'architecture NCA d'Oracle, que nous développerons ultérieurement (cf. chapitre 5). En effet, pour éviter qu'Oracle ne contrôle intégralement le marché émergent du NC avec son architecture de réseau informatique NCA, Informix Software propose sa propre approche pour construire des applications basées sur le Web. Il s'agit de la *Universal Web Architecture*. Le support des environnements de développement C + + , ActiveX, Java et IIOP (*Internet InterOrb Protocol*) sur le client signifie qu'Informix supporte aussi quelques protocoles et normes industriels dans le domaine des bases de données et du middleware.

1.3. Modèle du client/serveur allégé : l'ordinateur de réseau

La naissance du client/serveur généralisé a été portée par la vague des Nets. Ce client/serveur généralisé sera davantage encore sur le devant de la scène avec l'arrivée sur le marché, et l'implémentation qui s'ensuivra, des nouveaux terminaux légers tels que les NC. Cette nouvelle étape donne naissance au modèle client/serveur allégé où l'ordinateur de réseau joue un rôle important.

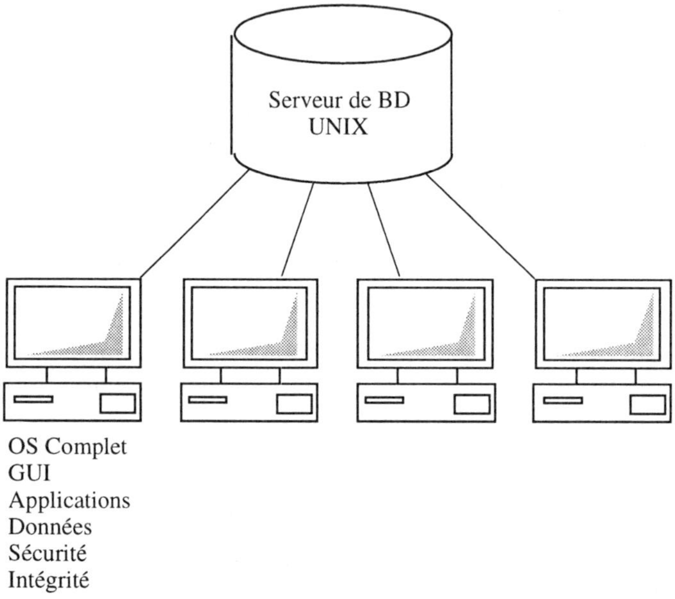

Figure 1.3. *Modèle fat client/serveur à deux liens*

L'arrivée de la station de travail UNIX et du PC permet le développement d'un nouveau modèle informatique, le client/serveur ou modèle d'informatique distribuée. Ces termes se réfèrent primitivement à un modèle à deux liens où l'interface client, comme dans la majorité des applications et des traitements, se trouve au niveau du client (c'est-à-dire sur le bureau de l'utilisateur) avec les données sur la machine serveur des bases de données. La figure 1.3 illustre ce cas où l'on voit un client avec un système d'exploitation OS complet, GUI, applications, données, logiciels de sécurité et d'intégrité de données.

En général, le terme *fat client*, se réfère au fait que chaque machine en réseau a un état local, c'est-à-dire qu'elle possède une intégrité locale et un disque local contenant les applications et/ou les données. Le fat client est construit avec un degré important de flexibilité, aussi bien en termes de matériels (par exemple, le bus d'extension) que de logiciels (par exemple, un système opérationnel traitant un volume de plusieurs Mb).

Pour plusieurs raisons, le modèle client/serveur devient une panacée pour le manager de la TI (Technologie de l'Information). En effet, il offre les avantages suivants :

– possibilité de profiter de l'infrastructure de la TI existante à travers l'intégration des plates-formes diverses,

– redistribution de l'information digitale via les réseaux locaux et étendus (LAN/WAN) ;

– interface utilisateur graphique conviviale (GUI) avec un potentiel d'accès aux données critiques de l'entreprise, stockées dans les systèmes propriétaires ;

– consolidation des dispositifs basés sur la vidéo dans un bureau commun ;

– haute performance ;

– autonomie de l'utilisateur ;

– extensibilité ;

– volume considérable d'applications logicielles disponibles.

Mais si ces différents avantages ont permis un changement majeur et des améliorations dans l'industrie des services, on peut signaler trois inconvénients qui affectent négativement la gestion de la TI :

– coût élevé et croissant de la gestion du bureau ;

– prolifération de dépenses pour faire tourner les fats clients (au début des PC en réseaux) dont l'objectif est de réaliser des applications légères comme le traitement de texte ou l'entrée de données ;

– architecture d'application rigide, ce qui est une contrainte sur la manière selon laquelle les ordinateurs peuvent ajouter de la valeur (par exemple, analyser des données, servir les clients, réaliser des transactions, etc.).

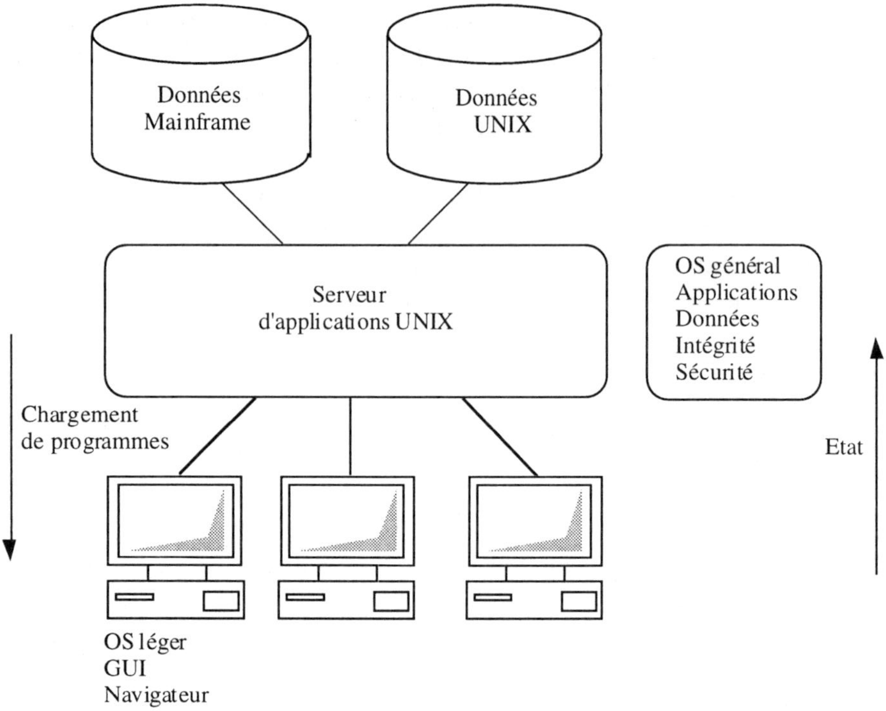

Figure 1.4. *Exemple de client allégé*

Le NC est le prototype le plus achevé et complet que l'on connaisse, à l'heure actuelle, de matériel candidat à client léger. La diffusion du NC va donc contribuer à l'implémentation du modèle client/serveur allégé (partie du modèle client/serveur généralisé), où le matériel de traitement de l'information est un prolongement du réseau. Il va se produire alors une plus forte intégration et une plus grande solidarité entre les parties composant le *networking* (travail en réseau physique). L'apparition de ce nouveau modèle aura, sans doute, des conséquences sur les parcs informatiques déjà installés ainsi que sur les secteurs et les régions où il n'existe pas encore un aménagement informatique (par exemple, là où le taux de PC est très faible, ce qui est le cas de régions entières dans le monde). Pour les uns comme pour les autres, l'arrivée du NC peut être considérée comme une chance et une opportunité à saisir, mais au prix d'une stratégie solidement établie qui devra tenir compte de l'existant, des besoins réels exprimés dans l'entreprise, de sa stratégie commerciale ainsi que de l'évolution des matériels, logiciels et architectures stabilisées sur le marché informatique et celui des télécoms.

1.4. Coûts et avantages du client allégé

Une des questions les plus importantes lorsque l'on traite du NC est celle de son coût, à l'achat et à la maintenance. Cette section fait un inventaire des points-clés concernant cette question.

1.4.1. *Le déploiement du client classique (coût élevé)*

Les stations de travail en réseau UNIX et les PC ont joué des rôles importants dans l'informatique client/serveur : les stations de travail UNIX, par leur grande puissance et robustesse, ont été à la base d'une contribution décisive à la valeur ajoutée (concentration d'espace qui entraîne des économies d'échelle), tandis que les PC en réseau, qui supportent des coûts faibles, se sont largement exercés dans des rôles de modestes contribuables à la valeur ajoutée, comme, par exemple, les émulateurs 3270 ou le traitement de texte.

Mais il faut noter que le coût plus réduit des PC est, en quelque sorte, une illusion. En effet, une étude de Gartner Group de 1995, montre que le coût de maintenance des PC en réseau pour une grande entreprise tourne autour de 8 000 dollars par an, dont la seule actualisation représente 55 % du coût total du système, l'achat représentant 45 %. On assiste donc à une croissance des coûts et à une répartition des machines destinées surtout à des tâches pour lesquelles la demande est relativement faible (exemple : saisie, traitement de texte, etc.). Il se trouve ainsi que beaucoup de ces "clients classiques" coûtent cher par rapport aux bénéfices tirés de la valeur ajoutée qu'ils apportent.

1.4.2. *Limitations des fonctionnalités de l'informatique du client classique*

Actuellement, dans l'environnement de l'informatique client/serveur, les utilisateurs ont à leur disposition des applications dans lesquelles les spécifications sont définies par les développeurs de logiciels. Dans ce modèle informatique centré sur l'application, les utilisateurs sont limités par les types de données (formats) que l'application est en mesure de traiter. Si, par exemple, un utilisateur a les numéros de gestion de risque formatés, mais non compréhensible par son application, il faudrait reformater tous les données (perte de temps), recentrer les données (encore perte de temps) ou faire l'analyse sans elles. En plus de cela, même si l'intégration est possible, intégrer de nouvelles sources de données et des outils peut affecter le fonctionnement des applications existantes.

Ces limites à l'intégration d'applications sont significatives. Le besoin de la disponibilité des données saisies en temps réel, combiné aux nouvelles formes de traitement des données (par exemple, la visualisation, le 3D, les modèles en temps réel, la vidéo à la demande, etc.), signifie que l'intégration devient une question capitale pour la compétitivité des entreprises. Plus encore, de nouvelles méthodes pour traiter cette masse de données sont en train d'être développées par les professionnels de l'espace informatique de travail.

1.4.3. *Compatibilité entre les différentes plates-formes*

Si l'utilisateur se sert d'une station UNIX dans son bureau et d'un PC chez lui, les mêmes applications peuvent ne pas être suffisamment opérationnelles sur ces deux types de système. Le temps, le coût et l'opportunité nécessaires pour habiliter ces plates-formes multiples à recevoir diverses applications, sont des facteurs importants. Pour les entreprises souhaitant offrir à ces utilisateurs des fonctionnalités informatiques, ces types de plates-formes sont encore plus importants. Si un utilisateur reçoit un logiciel sur une plate-forme différente de la sienne, il sera frustré et mécontent. Mais répondre à chaque utilisateur en portant l'application sur chaque plate-forme et en la distribuant dans le format correct ne doit pas devenir un élément de surcoût.

Sur ce dernier point, il faut noter que l'implémentation d'un modèle informatique basé sur le Web et les technologies Intranet permet d'atténuer l'impact de ces contraintes. Cela résulte du fait qu'elles habilitent les fonctions à travers les diverses plates-formes.

1.4.4. *NC et coût d'acquisition*

En observant les coûts élevés d'implémentation des PC en réseau, on constate un avantage significatif provenant de la récentralisation de la maintenance et de l'administration du système. Celle-ci permet de réduire les coûts de la gestion du bureau. En effet, charger les programmes une fois sur les machine(s) du serveur Web réduit les dépenses, les erreurs pratiques d'installation de fichiers et permet d'éviter de configurer chaque bureau comme c'est le cas dans le monde du client classique.

En outre, cela permet aussi d'éliminer le problème de versions. C'est ainsi que, par exemple, dans le cas de Java Desktop, chaque fois que celui-ci tourne, il charge le système d'exploitation le plus récent, le navigateur et les versions d'application accessibles à travers l'organisation. Par exemple, lorsque de nouveaux modèles sont créés et mis en place sur les pages internes du Web, les mêmes versions sont accessibles, automatiquement, et exécutables immédiatement à travers les plates-formes de l'entreprise. Ce dernier point facilite un déploiement en temps réel de l'application, offrant aux utilisateurs professionnels l'opportunité de tirer parti beaucoup plus rapidement des nouveaux modèles touchant leur domaine d'activité. Et comme il est normal, cela devrait se traduire par une source importante de valeur ajoutée.

Le modèle distribué permet aussi de partager les fichiers. Maintenant un modèle de serveur de PAO commun, par exemple, accessible par internet, évite la pratique dangereuse pour les utilisateurs de réécrire des fichiers qui existent déjà et, pour la même raison, de recopier les virus cachés qui se trouvent dans le réseau. Ces deux inconvénients sont des lieux communs actuellement dans le monde des PC en réseau. Les avantages potentiels du NC, ainsi que le prix d'achat initial modéré, devraient contribuer à faire baisser les prix de maintenance du matériel et des logiciels.

Ce dernier point pose un problème qui peut revêtir une certaine acuité à court et moyen terme et, peut-être même, avant. Il s'agit des caractéristiques inhérentes à l'industrie informatique, l'une des plus connues étant la loi de Moore. En effet, il existe un cycle : baisse de prix, accroissement de la puissance de calcul informatique. Dès lors, si l'on peut faire plus pour moins cher avec un NC, il est probable qu'il y ait un effet de diffusion qui bousculera beaucoup le monde informatique.

1.4.5. *Produits*

Partant de ces constats, on peut s'attendre à une floraison d'offres de produits. Mais, malgré l'agitation autour du NC, peu de vendeurs ont des offres destinées à satisfaire les expectatives associées à ce domaine. Certains (Sun par exemple) ont spécifié conjointement les interfaces de base, les caractéristiques et les fonctionnalités du NC, entraînant une confusion sur ce qu'est réellement le NC. Les opinions d'Oracle, très bien véhiculées par les médias, fournissent encore matière à confusion. Nous verrons dans le chapitre 4 un ensemble de produits NC, dans lequel nous les comparons, afin que chacun puisse se faire une idée des leurs avantages et de leurs inconvénients respectifs.

Chapitre 2

La topologie des réseaux

Après avoir présenté le NC et l'évolution des architectures d'applications, regardons l'évolution d'un type précis de réseau, en raison de son importance et de sa diffusion dans le tissu des entreprises. Il s'agit de l'évolution des réseaux locaux d'entreprise qui nous amène à réfléchir sur les architectures client/serveur classiques.

L'étude partira du LAN (*Local Area Network*). Cette étude est nécessaire afin de mieux aborder la présentation des réseaux basés sur les technologies internet et de mieux cerner la portée du paradigme orienté réseau. En effet, ce chapitre, plus technique que le précédent, contient quelques rappels indispensables permettant de mieux comprendre le réseau centré, cœur du *networking computing*.

2.1. Fonctions du système de communication

Pour communiquer, il faut se servir des cognitions, des langages et des supports physiques. Il existe donc un problème de réseau à la base, de contenus qui circulent par ces réseaux et de gestion des réseaux et des contenus. Toutes les architectures de réseau partagent les objectifs de haut niveau suivants :

– connectivité qui permet à plusieurs matériels et logiciels de se connecter dans un système uniforme, unique : le système réseau ;

– modularité qui permet de construire des systèmes de réseaux divers à partir d'un nombre relativement restreint de composants de base ;

– fiabilité qui permet une communication sans erreurs grâce à la détection d'erreurs et à la correction correspondante ;

– facilité d'implémentation, d'utilisation, et de modification grâce à des solutions largement acceptées et généralisées pour l'installation, la gestion et le management du réseau.

C'est dans ce cadre que le système de communications doit réaliser ses fonctions. Selon [ECK 96], les fonctions principales de ce système sont de nommer et d'adresser, de segmenter, de contrôler des flux, de synchroniser, attribuer un ordre de priorité et contrôler les erreurs.

Nommer et adresser

Un système de communications traite les noms des objets. Ceux-ci peuvent être des articles, des ports, des boîtes aux lettres et des cessions entre les différents utilisateurs. Chaque utilisateur a normalement un nom sous une forme symbolique et le système de communications restaure cette forme à travers les adresses de réseau.

Contrôler le flux

Les réseaux de communications sont conçus pour partager les ressources limitées entre les utilisateurs. Cette conception repose sur l'hypothèse que tous les utilisateurs ne vont pas utiliser le serveur simultanément. Lorsque le trafic dépasse la capacité du réseau, un contrôle de flux du réseau est nécessaire afin de pouvoir optimiser ses performances, en régulant les flux d'informations entre les entités qui ont établi simultanément une communication.

Synchronisation

Avant de communiquer, il faut synchroniser les interactions. En effet, si le récepteur est plus rapide que l'émetteur, il peut recevoir l'information correctement, mais l'interpréter d'une manière incorrecte. Dans le cas inverse (le récepteur est moins rapide que l'émetteur), il peut se produire une perte d'information. Si l'architecture client/serveur découpe les processus en sous-processus, chacun tournant sur un hôte différent, il faut un mécanisme de synchronisation entre ces différents sous-processus. Il en est de même lorsque les données sont partagées ou distribuées entre plusieurs utilisateurs. Il faut dans ce cas, d'une part, coordonner toutes les ressources partagées et, d'autre part, synchroniser les opérations.

Ces problèmes sont de plus en plus importants dans tous les domaines et, notamment dans le domaine de l'ingénierie. Le point capital dans les nouvelles formes de travail imposées par la compétition internationale, telle que, par exemple, l'ingénierie simultanée, est celui de la bonne coordination et de la bonne synchronisation du travail des ingénieurs. Cela n'est possible qu'à l'aide d'un réseau doté des meilleurs performances en la matière.

Enfin, notons l'existence d'autres fonctions que nous ne développons pas ici, telles que la segmentation, l*a priori*té et le contrôle d'erreur.

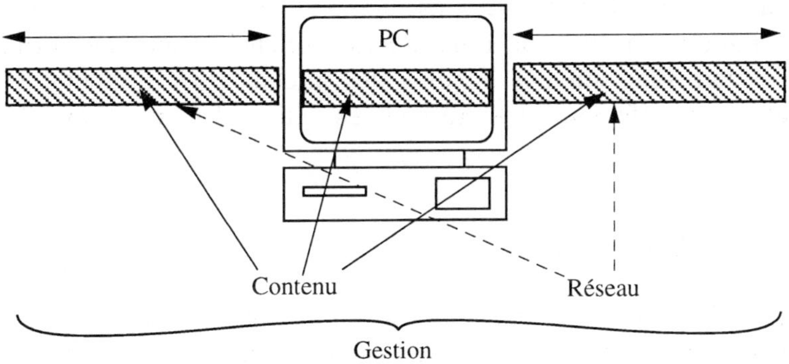

Figure 2.1. *Réseaux, contenus et gestion dans le Network Computing*

La figure 2.1 montre les relations entre ce que nous appelons les trois niveaux du système de communications. Le networking [SAN 96] concerne principalement le niveau réseau de communications, il se développe rapidement avec l'implémentation et avec la diffusion des réseaux à l'échelle mondiale, nationale, régionale et locale des entreprises, des administrations et des centres de recherche [GLE 96]. Le Network Computing concerne les systèmes de communications selon les sens décrits ci-dessus, c'est-à-dire en y incluant les réseaux, les contenus et la gestion. Nous allons nous concentrer principalement autour des réseaux, des architectures informatiques et des liens entre ces architectures.

2.2. Le LAN dans l'infrastructure globale

Définitions

Pour commencer, rappelons quelques définitions. La topologie est l'ordonnance géométrique d'un système informatique. Les topologies les plus communes incluent le bus, l'étoile et l'anneau. Un protocole définit un ensemble commun de règles et de signaux utilisés par les ordinateurs sur le réseau pour communiquer. L'un des protocoles les plus connus pour les LAN s'appelle Ethernet. Un autre protocole familier des PC est le réseau Token-Ring.

Selon leur architecture, les réseaux peuvent être classés en utilisant soit l'architecture paire, soit l'architecture client/serveur. Les ordinateurs sur le réseau sont souvent appelés les nœuds. Les ordinateurs et les matériels qui affectent les ressources aux réseaux s'appellent les serveurs.

2.2.1. *Le monde des réseaux*

Le premier réseau local que nous rencontrons est le LAN. Au cours des 15 dernières années, les LAN sont devenus des outils-clés, très largement utilisés par les entreprises à travers le monde.

Un LAN est un système de communications à haut débit conçu pour relier des ordinateurs et des périphériques de traitement de données entre eux, dans une aire géographique relativement réduite, telle que le département d'un groupe de travail ou l'étage d'un bâtiment. Afin d'étendre la connectivité du réseau, plusieurs LAN peuvent être interconnectés dans un bâtiment ou dans un campus hébergeant plusieurs bâtiments, permettant ainsi de tirer un plus grand bénéfice du réseau. Ce point-clé, consistant à relier les LAN à travers un réseau plus grand, est rendu possible grâce à un réseau appelé *backbone* (dorsale) qui sert à connecter toutes les ressources informatiques des personnels de l'entreprise, quelle que soit l'aire géographique dans laquelle ils se trouvent.

Les LAN sont devenus populaires car ils permettent aux utilisateurs de partager, électroniquement, les ressources informatiques, les matériels comme les imprimantes et les drivers CD-Rom, ou les programmes d'applications et d'autres ressources d'informations dont les utilisateurs ont besoin pour réaliser leurs activités.

Avant que la technologie LAN ne se développe, les ordinateurs individuels étaient isolés les uns des autres et limités dans leur domaine d'applications. En reliant ces ordinateurs individuels grâce aux LAN, leur utilité de même que leur productivité ont augmenté considérablement.

Les LAN et les réseaux de LAN sont, aujourd'hui, puissants, flexibles et faciles à utiliser. De plus, ils intègrent plusieurs technologies sophistiquées qui peuvent travailler de manière fiable. Pour qu'une organisation tire vraiment parti de son réseau LAN, il faut que celui-ci soit conçu de façon à répondre aux besoins de communication de l'entreprise. Construire un LAN, afin de former un tout cohérent pour que les fonctions de communication, décrites précédemment, soient exploitées, est un processus qui comporte de nombreux choix. Il faut souligner la nécessité de comprendre le concept d'interworking, c'est-à-dire d'interconnexion entre LAN, qui formeront le système d'entreprise, les technologies différentes et les produits disponibles ainsi que les avantages et les limites qui apparaissent pour faire un choix judicieux.

2.2.2. *Bases pour le networking du domaine local*

Actuellement, le networking local consiste à partager les technologies d'accès. Cela veut dire que tous les matériels attachés au LAN partagent un moyen de communication simple, généralement un câble coaxial, paire torsadée ou fibre optique. La figure 2.2 illustre ce concept : plusieurs ordinateurs sont connectés à un câble simple qui leur sert de moyen de communication. La connexion physique au réseau est faite par l'intermédiaire d'une carte d'interface réseau (*Network Interface Card,* NIC) insérée dans l'ordinateur. Une fois la connexion physique en place, il suffit d'installer le logiciel qui gère les communications entre les stations du réseau.

A l'aide de ce simple câble servant de moyen de communication, lorsqu'une station souhaite envoyer un message à une autre, elle utilise le logiciel de la station de travail pour mettre le message dans une enveloppe. Cette enveloppe, appelée paquet, contient : le message, un en-tête et un sommaire pour transporter l'information à la station de destination. L'une des informations contenues dans l'en-tête du paquet est l'adresse de la station de destination. La NIC transmet alors le paquet sur le LAN par l'intermédiaire d'un flux de bits représentant les changements des signaux électriques. Comme il voyage sur un câble partagé, toutes les stations “attachées” le voient passer. Chaque fois qu'il passe devant une station, le NIC pointe l'adresse de destination dans l'en-tête du paquet afin de savoir si le paquet lui est adressé. Ce n'est que lorsque le paquet passe devant la station à laquelle il est adressé, que le NIC de cette station le copie, extrait les données de son enveloppe et les donne à l'ordinateur.

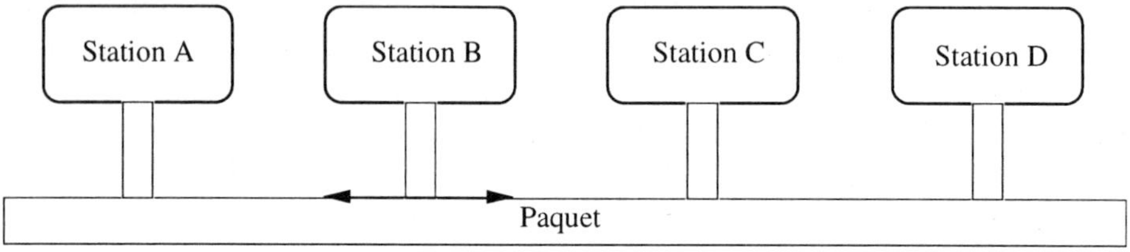

Figure 2.2. *Un bus LAN de base*

La figure 2.2 montre une station source envoyant un message à une station destination. Si le message de la station source est trop volumineux, il sera découpé en plusieurs morceaux : les paquets. La découpe d'un message en plusieurs paquets permet une réduction des temps de transport. De cette manière, beaucoup d'appareils peuvent partager le même LAN.

2.2.3. *Ethernet*

La technologie LAN la plus largement utilisée, actuellement, est Ethernet. Cette technologie offre un bon compromis entre la vitesse, le prix, la facilité d'installation et le support. A peu près 80 % des connexions LAN installées utilisent Ethernet. Le standard Ethernet est défini par l'Institute of Electrical and Electronics Engineers (IEEE) dans la spécification connue sous le nom de IEEE 802.3. Cette spécification donne les règles permettant de configurer les LAN Ethernet, les types de média qui peuvent être utilisés et comment les éléments du réseau interagissent.

L'un des éléments de la spécification 802.3 établit que les réseaux Ethernet tournent au taux de 10 millions bits par seconde (10 Mb/s) ou 100 millions bits par seconde (100 Mb/s) dans le cas du Fast Ethernet. Cela signifie que les paquets voyagent par le médium Ethernet à 10 Mb/s. Un autre élément important, défini par la même spécification, est la méthode d'accès à utiliser par les stations connectées à un LAN Ethernet, appelée *Carrier Sense Multiple Access with Collision Detection* (CSMA/CD). Selon cette méthode, lorsque deux stations envoient des paquets simultanément, le résultat est une collision sur le LAN. Dans les réseaux Ethernet, ces collisions sont considérées comme des événements normaux et la méthode d'accès CSMA/CD est conçue pour restaurer une activité normale sur le réseau après une collision.

2.2.3.1. *Ethernet et la topologie*

Un point important pour concevoir et installer un LAN est la sélection du médium et de la topologie appropriés à son environnement. Les réseaux Ethernet peuvent être configurés sous forme d'étoile ou sous forme de bus et installés en utilisant trois médias différents.

Dans la topologie en étoile, toutes les stations sont reliées au fil concentrateur central appelé hub.

De façon similaire à la topologie en bus, les paquets envoyés d'une station vers une autre sont répétés à tous les ports du hub. Ceci permet aux stations de voir chaque paquet envoyé sur le réseau, mais seule la station à laquelle le paquet est adressé fera attention à lui. La figure 2.3 illustre cette topologie LAN en étoile. Dans cette topologie, chaque station est connectée au fil concentrateur central (le hub) par une paire torsadée individuelle.

Les réseaux Ethernet peuvent être bâtis à l'aide de trois types différents de média : paire torsadée protégée (*shielded*) ou non protégée (*unshielded*), câble coaxial et fibre optique. Le câble coaxial est le médium LAN original utilisé dans la topologie en bus. Dans cette configuration, le câble coaxial forme un bus unique auquel toutes les stations sont attachées. Cette topologie est rarement utilisée dans les nouvelles installations LAN, actuellement, parce qu'il est relativement difficile de rajouter de nouvelles stations.

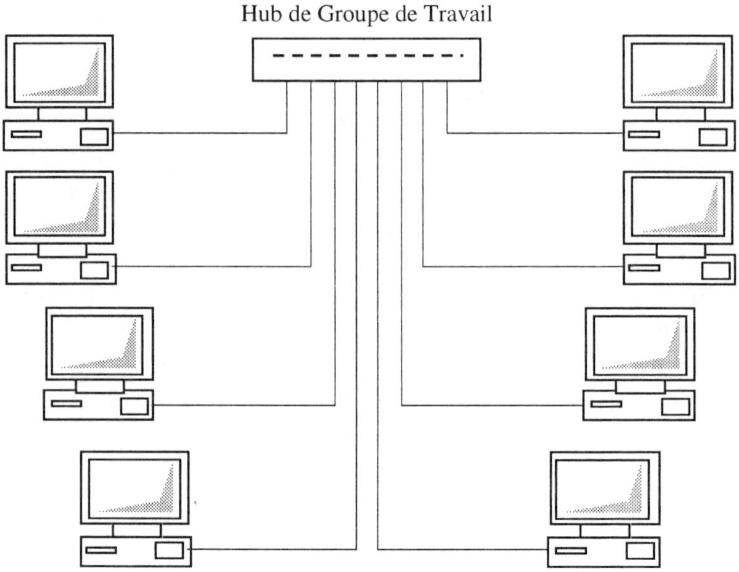

Figure 2.3. *Un réseau LAN en étoile*

Le plus commun des médias est la paire torsadée ; elle est associée à la topologie en étoile, qui, à l'heure actuelle est la topologie la plus populaire. Elle n'est pas chère, elle est facile à installer et à dépanner. Le câble *Unshielded Twisted Pair* (UTP) utilisé par les LAN est similaire au câble téléphonique avec quelque spécifications plus contraignantes, suivant sa sensibilité aux interférences électromagnétiques (EMI). La paire *shielded twisted* (STP) offre une protection contre les EMI.

De ces deux types de câble en paires torsadées, l'UTP est le plus commun. La spécification pour implémenter Ethernet sur UTP s'appelle 10BASE-T. Celle-ci établit pour 10 Mb/s, le signal bande de base (la méthode signal utilisée par les réseaux Ethernet) sur le câble paire torsadée. Une autre spécification Ethernet inclut 10BASE5, qui utilise un câble coaxial épais et 10BASE2, qui utilise un câble coaxial fin. Actuellement, 10BASE2 est utilisée seulement dans les petits réseaux des bureaux.

2.2.3.2. *Fast Ethernet*

Une extension du standard populaire 10BASE-T Ethernet, Fast Ethernet, transporte des données à 100 Mb/s. Avec les règles du standard IEEE 802.3, Fast Ethernet permet de multiplier la puissance de la technologie Ethernet connue et retient le protocole CSMA/CD de 10 Mb/s Ethernet. Deux types de Fast Ethernet sont disponibles : 100BASE-TX, qui tourne sur Category 5 UTP et 100BASE-FX, qui tourne sur le câble en fibre optique multimode.

2.2.4. *Token Ring*

Une autre technologie LAN majeure, utilisée actuellement, est Token Ring.

Les règles de Token Ring sont définies dans la spécification IEEE 802.5. Comme Ethernet, le protocole Token Ring fournit des services au niveau des couches physique et des couches de liaison de données du modèle de référence OSI. Les réseaux Token Ring peuvent tourner à deux taux différents, 4 Mb/s ou 16 Mb/s.

La méthode d'accès utilisée par les réseaux Token Ring est le passage du jeton. Il s'agit d'une méthode d'accès déterministe permettant d'éviter les collisions, en faisant que seule une station puisse transmettre un message à tout moment. Cela est réalisé grâce au passage d'un paquet spécial appelé jeton (en anglais, token) d'une station à une autre à travers l'anneau. Ainsi, une station peut envoyer un paquet seulement lorsqu'elle obtient un jeton libre. Lorsque la station obtient un jeton libre, elle peut transmettre un paquet. Ce paquet voyage alors suivant une direction sur l'anneau et passe ainsi par toutes les stations. Comme dans Ethernet, le paquet est, généralement, destiné à une seule station ; lorsqu'il passe par cette station, il est copié par cette dernière, puis il continue de voyager sur l'anneau jusqu'à son retour à la station d'origine, laquelle le retire et renvoie le jeton libre sur l'anneau à une autre station.

La technique Token Ring et les réseaux Media Token Ring utilisent ce que l'on appelle une topologie en anneau.

La topologie en anneau utilisée par les réseaux Token Ring ressemble à un anneau physique. Chaque station est connectée au fil connecteur de Token Ring par un câble en paire torsadée avec deux paires de fils. Une paire joue le rôle de la partie appelé *inbound* de l'anneau ou paire recevant ; l'autre paire servant de *outbound* ou de paire de transmission. Dans les LAN Token Ring, chaque station est connectée au fil concentrateur Token Ring, appelé unité d'accès multistation (MAU). Comme les hubs Ethernet, les MAU sont mises dans des armoires isolées.

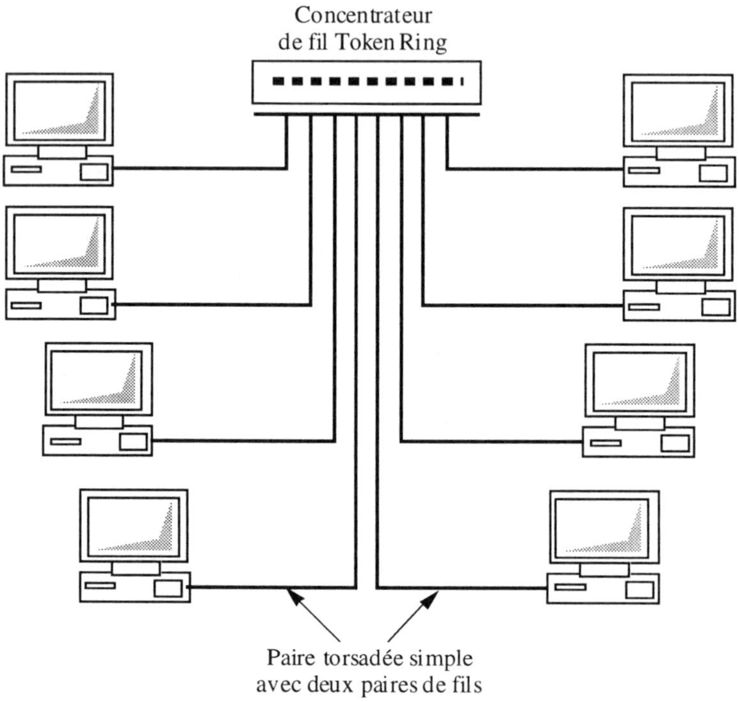

Figure 2.4. *Une topologie en anneau LAN de base*

2.2.5. *FDDI*

Le *Fiber Distributed Data Interface*, généralement connue comme FDDI, permet le transport de données à 100 Mb/s, un taux de données beaucoup plus grand que celui d'Ethernet ou Token Ring. Au début, les réseaux FDDI avaient besoin de câble en fibre optique ; actuellement, ils peuvent opérer aussi sur un UTP. La fibre est préférée dans beaucoup de cas, car elle permet de connecter des distances beaucoup plus grandes que le câble UTP. Comme Token Ring, FDDI utilise comme méthode d'accès, le passage du jeton. Il est actuellement configuré en anneau ou en étoile. Le FDDI est utilisé premièrement comme *backbone*, c'est-à-dire comme segment du réseau qui relie plusieurs LAN ou groupes de LAN ensemble dans un bâtiment isolé. Il est également utilisé pour relier plusieurs bâtiments dans un campus.

2.3. Du LAN au réseau étendu : les hubs

Nous savons déjà que le LAN couvre un espace géographique limité. Afin d'augmenter son rayon d'action, sa capacité et sa portée, on va lui ajouter des matériels périphériques. Le réseau confiné à une aire locale devient alors un réseau élargi : on l'appelle WAN (*Wide Area Network*) ou MAN (*Metropolitan Area Network*). Pour commencer cette présentation, nous traiterons des hubs.

2.3.1. *Le hub : le point de connexion central*

Le hub est l'un des éléments les plus importants dans le monde des LAN. Il est le point central de connexion pour les réseaux filaires et toutes les stations sur le LAN sont reliées entre elles à travers le hub. La figure 2.5 montre un LAN de base avec un hub comme point de connexion central.

Le point-clé du réseau est le hub intelligent ou concentrateur qui sert de point de contrôle à l'activité du système, sa gestion et sa croissance. En intégrant toute combinaison de capacités de connectivité, d'internetworking et de gestion dans un hub intelligent, les gestionnaires de réseaux peuvent créer l'infrastructure du réseau physique adaptée à leur environnement.

Le terme hub est généralement associé aux réseaux Ethernet 10BASE-T, tandis que le terme Unité d'Accès Multistation (MAU) est utilisé pour se référer au concentrateur filaire de Token Ring. Comme ces deux technologies LAN utilisent des méthodes différentes d'accès au réseau, les hubs et les MAU réalisent des fonctions d'accès différentes. Cependant, il existe un niveau où ils réalisent la même fonction : ils sont tous deux des concentrateurs filaires de réseaux.

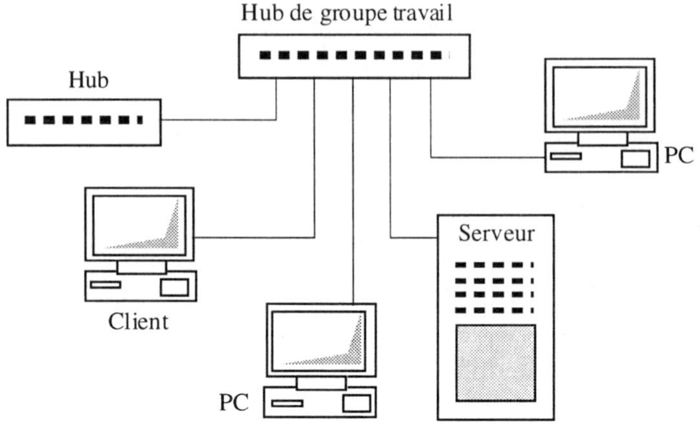

Figure 2.5. *Un hub*

Un hub typique a des ports utilisateurs multiples auxquels les ordinateurs et les périphériques comme, par exemple, les serveurs sont attachés. Chaque port supporte une connexion en paire torsadée unique 10BASE-T d'une station du réseau. Lorsqu'un paquet Ethernet est transmis par une station vers le hub, il est répète ou copié sur tous les autres ports du hub. De cette manière, toutes les stations "voient" chaque paquet comme elles le font dans les réseaux en forme de bus ; elles voient ainsi que chaque station est connectée au hub par son propre câble.

2.3.2. *Hubs gérables*

Les hubs intelligents sont définis comme des hubs gérables, c'est-à-dire que chaque port sur le hub peut être configuré, monitoré et habilité ou non par l'opérateur de réseau depuis la console de gestion. La gestion du hub peut aussi inclure la saisie d'informations sur un ensemble de paramètres du réseau, tels que le nombre de paquets qui passe à travers le hub et chaque port, les types de paquets qui contiennent des erreurs et le nombre de collisions qui ont eu lieu. Chaque vendeur de hub offre un certain type de gestion avec son produit. Ces applications varient selon le volume d'informations qu'ils peuvent saisir, selon les commandes qu'ils peuvent traiter et la manière selon laquelle l'opérateur de réseau visualise cette information.

2.3.3. *Hubs uniques ou isolés*

Les hubs et les MAU ont trois configurations : hubs seuls, hubs empilables et hubs modulaires. Certains produits sont des combinaisons des meilleures configurations. Les hubs sont des boîtes uniques de produits avec un certain nombre de ports. Ces hubs incluent, généralement, certaines méthodes pour les relier à d'autres du même type, soit en les connectant à travers un câble coaxial 10BASE5, soit en cascade en utilisant la paire torsadée entre les ports individuels de chaque hub (cf. figure 2.6). Ces hubs seuls sont généralement moins chers et demandent une gestion peu contraignante. Ils sont mieux positionnés pour des bus petits ou des groupes de travail petits (une dizaine d'utilisateurs, par exemple).

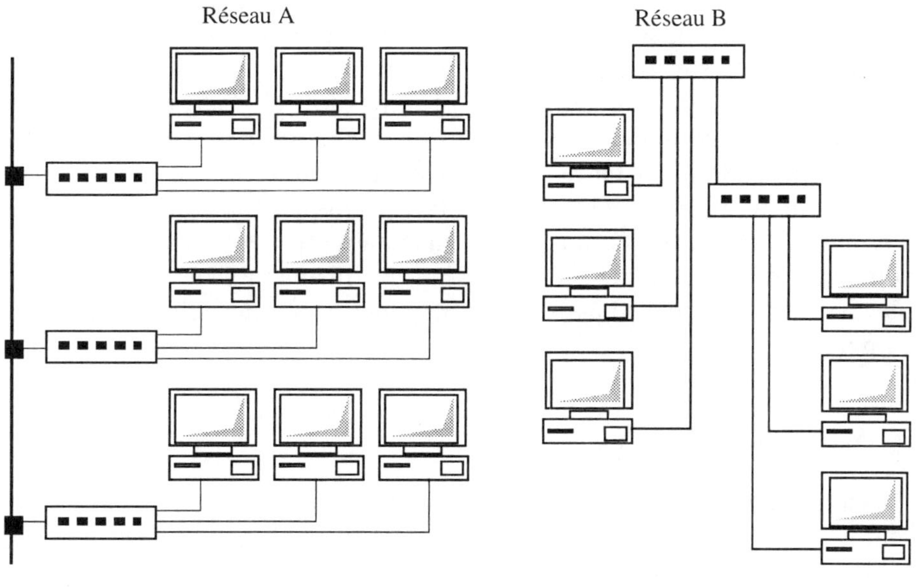

Figure 2.6. *Vue d'ensemble des architectures*

Dans la figure 2.6, le réseau A illustre quatre hubs 10BASE-T connectés ensemble par un seul câble. Ce câble peut être un câble coaxial ou un câble en fibre optique. Tous les hubs font partie d'un seul LAN. Le réseau B montre deux hubs 10BASE-T disposés en cascade.

2.3.4. *Hubs modulaires*

Les hubs modulaires sont populaires dans les réseaux car ils s'étendent facilement et possèdent toujours une option de gestion.

Les hubs modulaires offrent un point central où des concentrateurs multiples localisés dans diverses armoires filaires peuvent être réunis dans un LAN ou dans un WAN. Le hub modulaire peut être équipé d'un large éventail de modules de gestion et de connectivité, conçus pour offrir une solution personnalisée à la création de LAN et WAN à grande échelle dans les entreprises.

La taille des hubs modulaires varie, normalement, de 4 à 14 slots, et le réseau peut être facilement élargi. Typiquement, plusieurs slots dans un hub modulaire auront des modules 10BASE-T Ethernet. Ainsi, avec 10 modules, chacun supportant 12 utilisateurs, un seul hub peut supporter 120 utilisateurs sur 10BASE-T. Les modules sont reliés par un matériel (*backplane*) à grand débit qui peut être utilisé pour connecter les modules de communications au module de gestion gérant toutes les cartes des châssis. En outre, en utilisant un module de gestion pour un grand nombre de ports, tous les modules offrent une puissance identique. Un autre avantage de certains hubs modulaires est que les modules de communication Ethernet, Token Ring et même FDDI peuvent être placés dans le même châssis, pouvant ainsi bénéficier d'une puissance cumulée.

2.3.5. *Hubs empilables ou connectables*

Un troisième type de hub est le hub empilable. Il ressemble à un hub seul mais il permet l'interconnexion des hubs, généralement par des câbles courts. Lorsqu'ils sont connectés ensemble, ils agissent comme un hub modulaire dans lequel ils peuvent être gérés comme une seule unité. Un hub gérable, utilisé dans une pile, peut offrir une gestion à tous les autres. Ces hubs sont idéaux pour une entreprise souhaitant démarrer avec un investissement minimal, mais qui a conscience que son réseau LAN grandira. En utilisant les hubs empilables, une organisation n'a pas besoin d'investir dans un grand châssis et peut avoir seulement peu des cartes.

2.3.6. *Relier les hubs*

Chaque hub représente normalement un LAN. Dans beaucoup d'organisations, il est nécessaire d'interconnecter tous les LAN, ce qui veut dire relier tous les hubs. Une solution, pour faire cette interconnexion, est d'utiliser le segment en cascade de liens interrupteurs. Ce type de connexion répète simplement tous les paquets d'un hub à l'autre lorsqu'ils sont liés, et ainsi tout se passe comme si deux hubs faisait partie d'un même LAN.

2.4. Internetworking : architectures et outils d'interconnexion

Le terme internetworking se réfère à la liaison de LAN individuels dans un ensemble, pour former un seul internetwork. Cet internetwork est souvent appelé réseau d'entreprise, car il interconnecte tous les réseaux de l'entreprise et tous les systèmes informatiques du site peuvent ainsi être interconnectés. Les sites de l'entreprise, géographiquement distants, peuvent aussi être rattachés à l'ensemble dans un internetwork d'entreprise au sens large.

Un LAN unique est soumis à des limites sur ce qu'il peut faire. On peut ainsi se poser les questions suivantes : comment s'étendre, combien de stations peut-on connecter, quelle est la vitesse du flux de données transmis entre les stations et quel trafic peut-il supporter ? Si l'entreprise souhaite aller au-delà de ces limites, elle doit installer un autre LAN et connecter les deux dans un internetwork.

Il y a deux raisons principales pour implémenter des LAN multiples et les mettre en internetworking. L'une est l'extension de la couverture géographique du réseau au-delà de ce qu'un seul LAN peut supporter. L'autre raison-clé pour créer des internetworks est le partage des charges des trafics entre les différents LAN. Si les charges de trafic augmentent au-delà de la capacité de transport du LAN, les utilisateurs subiront une réduction du volume des données disponibles et la productivité sera ralentie. Une manière de gérer les trafics lourds de réseaux est de les répartir entre les différents LAN interconnectés.

Il y a plusieurs types de périphériques utilisés par l'internetworking, parmi lesquels on a les ponts, les routeurs et les commutateurs. Actuellement le plus commun de ces périphériques est le routeur grande vitesse, spécialement conçu pour relier des sites géographiquement distants. Les ponts sont aussi populaires que les routeurs, même s'ils offrent moins de fonctionnalités, car ils sont moins chers à l'achat, ils sont plus faciles à maintenir et à implémenter.

Les LAN commutés sont une nouvelle classe de périphériques d'internetworking, beaucoup de personnes pensent que l'*internetwork switched* deviendra le concept le plus commun d'interconnexion. Cela semble être, par exemple, la clé de la stratégie de Novell. Les LAN et les hubs commutés actuels sont les premières étapes sur le chemin de la migration vers ce que l'on appelle la commutation (ATM), une technologie émergente qui sera largement implémentée dans les années à venir.

Grâce à l'installation de routeurs ou de ponts entre les LAN de deux sites distants, un utilisateur sur un LAN peut accéder aux ressources de l'autre LAN comme si ces ressources étaient locales. Ethernet et Token Ring spécifient les limites des distances maximales entre les stations de travail et les hubs, les hubs et les hubs et le nombre maximum de stations pouvant être connectées à un seul LAN. Les ponts et les routeurs locaux sont utilisés, primitivement, pour élargir la zone de service d'un réseau en permettant aux utilisateurs de se connecter à deux LAN adjacents.

Actuellement ces matériels d'internetworking sont utilisés pour des segments de LAN afin de maintenir la performance en réduisant le nombre d'utilisateurs par segment. Implémenter de nouvelles applications sur les LAN existants peut générer un surcroît de trafic tel que l'organisation peut se trouver confrontée au problème de diviser son LAN en des segments plus petits, afin maintenir un niveau acceptable de rendement de l'ensemble. Pour parer à un ralentissement des temps de réponse, une méthode consiste à diviser le LAN ayant beaucoup d'utilisateurs en LAN plus petits, dans lesquels chacun a moins d'utilisateurs.

Quel que soit le cas, un point critique est que les utilisateurs sur un LAN soient capables d'atteindre les ressources sur les autres LAN. Les LAN doivent être connectés de telle manière que les paquets soient filtrés et, ainsi, seuls les paquets qui ont besoin de passer d'un LAN vers un autre soient guidés à travers les réseaux. La règle générale suggère que 80 % des paquets transmis sur un LAN d'un groupe de travail sont destinés aux stations connectées à un autre LAN (ponts et routeurs peuvent être utilisés pour segmenter les LAN).

Répéteur

C'est un dispositif d'interconnexion de base qui amplifie le signal réseau pour lui permettre de parcourir des distances plus importantes. Ils opèrent au niveau physique du modèle OSI et travaillent avec des données organisées en trames, chaque trame étant constituée d'une en-tête et d'un *trailer* (caractères de contrôle) ainsi que des paquets générés par les programmes en accord avec les protocoles de communications [ROL 97].

Ponts

Les ponts filtrent les paquets entre les LAN. Le logiciel du pont est plus complexe que celui du répéteur car il permet de filtrer sur les paquets. Le filtrage se fait en fonction de l'adresse de destination du paquet. Si la destination du paquet est une station sur le même segment de réseau d'où il vient, il n'est pas aiguillé. S'il est destiné à une station d'un autre LAN, il est connecté à un port pont différent et aiguillé vers ce port. A présent, beaucoup de ponts filtrent et aiguillent les paquets par des grands volumes ce qui entraîne des petits délais.

Routeurs

Les routeurs sont des matériels d'internetworking plus complexes mais aussi plus chers que les ponts. Ils utilisent le protocole *Network Layer Protocol Information* dans chaque paquet pour le router depuis un LAN vers un autre. Pour faire ceci, le routeur doit être, donc, capable de reconnaître tous les différents *Network Layer Protocols* qui peuvent être utilisés sur les réseaux dont ils ont la charge de mettre ensemble. De là vient le nom de, un matériel capable de reconnaître les différents protocoles.

Comme il a besoin d'accéder aux information d'adresses du réseau, il est un protocole spécifique. Lorsque le routeur trouve un datagramme avec un protocole qu'il ne supporte pas, ce datagramme est effacé. Exemple, si l'on a sur un réseau du trafic TCP/IP et NetWare, le routeur supporte seulement TCP/IP, aucun trafic NetWare ne pourra laisser ce segment : il restera confiné localement. Comme le routeur travaille au niveau de la couche réseau, il n'a pas d'informations sur la topologie du réseau et on peut utiliser le routeur pour connecter des segments de topologies différentes. Les routeurs ont généralement des capacités installées de filtrage. Celles-ci sont basées sur les couches supérieures du protocole.

L'installation de l'un ou l'autre des ces périphériques dépend des réseaux concernés. Le problème pour les entreprises est de choisir l'architecture adéquate qui combine tous ces éléments de manière optimale. Ainsi la situation paraît plus claire si l'on a faire à une entreprise bien structurée. Dans ce cas un choix possible est la passerelle de messagerie et chaque segment devient alors un sous-réseau. Il est commode de fabriquer un arbre de décision en fonction des besoins de l'entreprise entre les diverses alternatives qui peuvent se présenter.

Les commutateurs

Les commutateurs sont un matériel utilisé pour séparer différents LAN et fournir un filtrage de paquets entre eux. Un switch LAN est un périphérique avec des ports multiples, chacun d'entre eux pouvant supporter une station finale unique ou un LAN Ethernet ou Token Ring complet. Avec les différents LAN connectés à chaque port du switch, il peut commuter les paquets entre les LAN en fonction des besoins. En effet, il agit comme un pont multiport très rapide ; les paquets sont filtrés par le switch en s'appuyant sur les adresses de destination.

Les commutateurs sont utilisés pour augmenter le rendement du réseau d'une entreprise en segmentant de grands réseaux en plusieurs réseaux plus petits, moins congestionnés, tout en fournissant la connectivité nécessaire entre eux. Les switchs augmentent le rendement du réseau en munissant chaque port d'une bande passante dédiée, sans que les utilisateurs aient besoin de changer les équipements existants, tels que les NIC, hubs, câbles ou les routeurs et les ponts qui sont, normalement, en place. Ils peuvent supporter de nombreuses transmissions simultanément.

Implémenter la technologie dédiée est aussi un avantage des switchs. Chaque port sur un switch Ethernet supporte un débit de 10 Mb/s Ethernet LAN dédié. Généralement, ces LAN supportent de multiples stations connectées au hub 10BASE-T (cf. figure 2.7). En outre, il est possible de connecter une station haute performance, qui accomplit le travail d'un serveur, à un port switch.

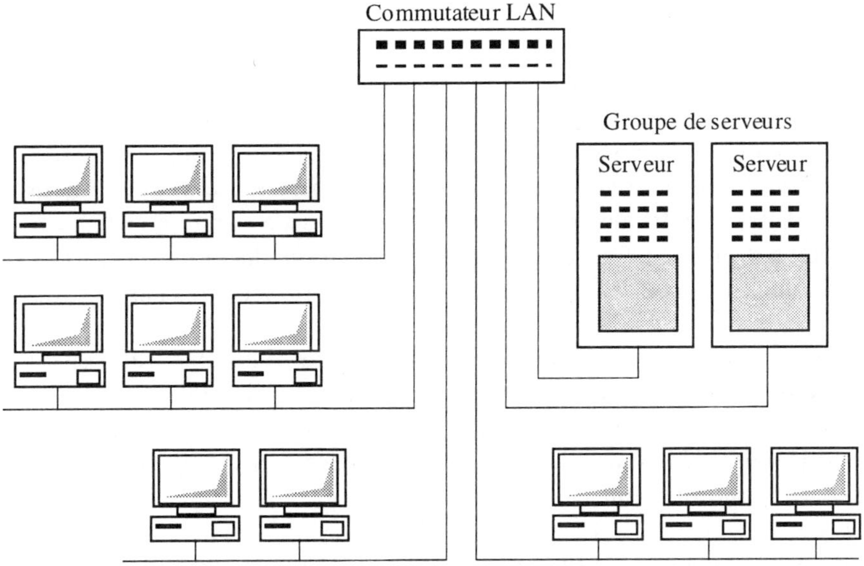

Figure 2.7. *Commutateur (Switch)*

Actuellement, les switchs traitent de grands volumes de paquets entre les LAN. L'ATM est un autre type de technologie de commutation qui traite de petites cellules, de longueur fixe, contenant les données [ROL 97] et [PEL 97]. Les réseaux ATM sont capables d'opérer des flux de données beaucoup plus importants que les LAN classiques. Ils peuvent transporter la voie, la vidéo et le trafic multimédia aussi bien que les données informatiques sur de courtes ou de longues distances. L'ATM sera l'une des technologies dominantes du networking d'entreprise dans l'avenir et beaucoup d'entreprises commencent à développer des stratégies pour incorporer l'ATM dans leurs LAN existants et leurs LAN interconnectés.

VLAN

Pour comprendre comment fonctionne un réseau virtuel (VLAN), on peut imaginer des groupes d'élèves dans une école. Chaque classe, ou groupe d'élèves, forme un réseau virtuel autour d'un professeur, fédérateur du groupe. Dans une entreprise, un VLAN est un regroupement d'utilisateurs communiquant entre eux via le commutateur, comme le font les élèves autour de leur professeur. Les VLAN représentent une nouvelle manière de répartir les ressources en fonction du profil de l'utilisateur.

Les VLAN réunissent les stations de travail non plus en fonction d'une topologie physique, géographique classique, mais en fonction d'une topologie logique. Cela signifie plus précisément que, lorsqu'une station émet une trame, cette trame sera diffusée sur toutes les stations appartenant au même réseau virtuel. Cette approche représente un grand intérêt dans les cas des réseaux Intranet et Extranet (cf. chapitre 5).

Dans un réseau non virtuel, cette trame sera véhiculée sur l'ensemble des stations. Avec le VLAN on limite le nombre de stations concernées par un message, ce qui améliore les performances, à condition que la définition des domaines de diffusion (segmentation) soit effectuée dans un souci d'optimisation.

Pour résoudre ce problème d'optimisation, on peut se servir des algorithmes d'optimisation connus. Par exemple, le routage internet se sert de l'algorithme de Ford-Fulkerson. Cependant, les conditions de virtualité affectent le comportement de ces algorithmes ; il est donc souhaitable de les développer et de les tester dans des conditions propres à ce monde virtuel. Les techniques d'optimisation doivent avoir des entrées propres au monde virtuel. Un point de vue sur ces questions a été proposé [STO 91].

Un autre aspect important dans le contexte de VLAN est celui de la sécurité ; problème crucial, en particulier, pour la diffusion des technologies internet et le commerce électronique. En effet, segmenter le réseau de l'entreprise en domaines de diffusion permet de mieux protéger les ressources des réseaux de taille importante pouvant fonctionner sans que le poste de travail de chacun soit "pollué" par des trames de diffusion qui touchent l'ensemble du réseau. On évite ainsi de perdre des données qui ne seraient pas bien ciblées.

A cela s'ajoute encore un intérêt économique. En effet, l'usage du VLAN repose sur des commutateurs. Ces derniers sont beaucoup moins chers que les routeurs qui, en outre, sont beaucoup moins puissants. Le trafic entre les VLAN est optimisé grâce à la segmentation.

Les premières familles de VLAN apparaissent chez les constructeurs avec des niveaux de normalisation très différents. Ainsi, il ne faut pas confondre les LAN virtuels des futures architectures ATM LAN, avec les VLAN du monde Ethernet. Les LAN virtuels basés sur le standard LANE (*LAN Emulation*) du Forum ATM sont disponibles depuis 1995. En revanche, le comité IEEE 802.1 a travaillé à la définition des VLAN en environnement Ethernet ; cependant les spécifications sont encore embryonnaires.

Comme on le voit, la technologie LAN évolue. Au début des années 1980, les LAN étaient strictement limités au domaine local, reliant des petits groupes d'ordinateurs dans les départements des entreprises. Comme les LAN pour les groupes de travail ont proliféré ces 10 dernières années, les utilisateurs commencent à les connecter afin de créer des internetworks, en premier lieu, en utilisant les ponts puis avec les routeurs. Les réseaux actuels comprennent, normalement, un mélange de hubs de ponts et de routeurs. Les switchs commencent également à être implémentés.

Les prochaines années verront les réseaux de travail évoluer pour incorporer des switchs LAN et switching hubs plus sophistiqués. Ils seront conçus pour utiliser plusieurs types de composants, anciens et nouveaux. Les LAN Ethernet et Token Ring seront interconnectés par des hubs modulaires plus larges et pouvant incorporer les fonctionnalités switching des LAN.

2.5. Evolution des protocoles

Dans cette section, un type particulier de protocole, devenu très populaire grâce à la diffusion et l'implémentation des technologies internet, est présenté. Il s'agit des protocoles TCP/IP. Cet ensemble de protocoles se développe dans le cadre du modèle dit du DoD (Department of Defense, ministère de la Défense Américaine). C'est pourquoi nous présentons ce modèle en le comparant au modèle OSI. Ce modèle est un complément indispensable pour trouver des solutions qui permettent le développement de réseaux vers la communication ouverte grâce à des protocoles appropriés.

Le Modèle du DoD

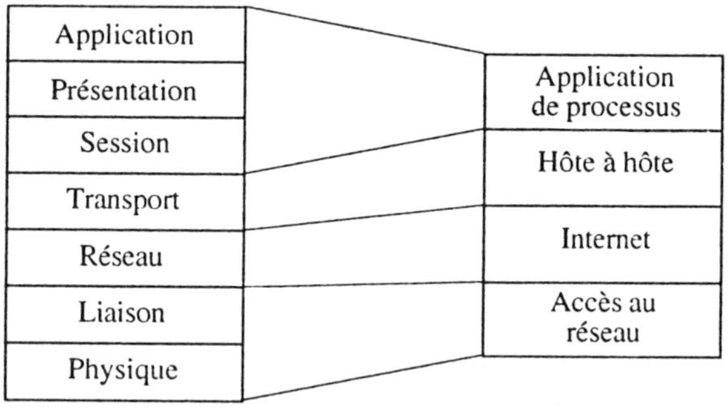

Figure 2.8. *Comparaison des modèles OSI et DoD [SAN 96]*

Le modèle du DoD est antérieur au modèle OSI de l'ISO. Il définit seulement quatre couches, contrairement à celui de l'ISO qui en définit 7. La figure 2.8 montre une comparaison entre les couches des deux modèles.

On voit dans cette figure les correspondances suivantes :

– la couche traitement/application du modèle DoD correspond aux trois couches supérieures du modèle OSI ;

– la couche Hôte à Hôte du DoD correspond à la couche transport de l'OSI ;

– la couche internet du modèle DoD correspond à la couche liaison de l'OSI ;

– la couche réseau du DoD correspond aux deux couches inférieures du modèle OSI.

A chacune des couches, on associe un ou plusieurs protocoles qui spécifient comment se comportent certaines fonctions du networking. Les protocoles TCP/IP sont associés aux couches internet/Réseau du modèle DoD.

Protocoles TCP/IP

TCP/IP est le principal standard pour les réseaux locaux autorisant une interconnectivité d'équipements multifabricants. Il s'agit d'une architecture complète d'interconnectivité, qui peut être présentée de manière simplifiée comme suit :

– la couche IP (Internet Protocol) assure la transmission des paquets entre les stations du réseau local ou à travers les passerelles avec les stations distantes en résolvant les problèmes d'adresse et de contrôle distant. Soulignons que le mot "internet" recouvre un ensemble de protocoles utilisés pour l'interconnexion des réseaux hétérogènes sans qu'une distinction soit faite entre, par exemple, un réseau local et un réseau à longue distance ;

– la couche TCP (Transport Control Protocol) contient les mécanismes de contrôle d'erreurs, d'acquittement ou de retransmission.

Il existe de nombreux protocole de routage différents utilisés dans le monde TCP/IP. Ils ne sont pas compatibles les uns aux autres. Pour résoudre le problème du routage, il faut donc bien comprendre ces protocoles. En particulier, les quatre protocoles suivants :

– Routing Information Protocol (RIP),
– Open Shortest Path Protocol (OSPP),
– Interior Gateway Routing Protocol (IGRP),
– Internet Control Message Protocol (ICMP)

Protocoles de routage IP

Les tables de routage sont l'une des structures d'accès les plus utilisées par la pile TCP/IP. Il existe un calcul statistique grâce à la commande TCP/IP netstat pouvant être utilisée pour connaître l'information stockée dans une table de routage.

Chaque entrée de la table de routage contient une paire d'adresses : la destination et le routeur ; le routeur indique l'hôte vers lequel le message IP sera dirigé pour trouver la destination. Il existe un certain nombre de drapeaux de routage pour indiquer, par exemple, qu'une route est créée via un message réadressé (drapeau D), que la route est une passerelle (G), ou que la route est la bonne (U) ; si le drapeau n'est pas mis, alors la destination peut être atteinte directement (0).

Pour les routes indirectes (drapeau G), l'adresse IP correspond à celle de la station de destination finale et l'adresse de la couche physique de liaison est l'adresse de la passerelle. L'ARP (*Address Resolution Protocol*), partie intégrante de TCP/IP, maintient un cache de l'adresse locale et de la paire d'adresses de la couche liaison pour faciliter la traduction des adresses IP et pour relier les adresses de la couche liaison.

La métrique du *Simple Network Management Protocol* (SNMP) indique si la route donnée est souhaitable ou non ; une valeur positive indique que la route doit être préférée. Le champ interface indique l'interface à laquelle la route est associée (type de transport et numéro d'unité).

Connaissance de routes

Au début, le routeur ne connaît que les réseaux ou les sous-réseaux auxquels il est connecté directement. On peut installer, manuellement ou de façon dynamique, des tables de routage dans les routeurs (les protocoles de routage).

Une route statique est un chemin de la table de routage, du routeur qui est configurée manuellement par un administrateur de réseau. Pour les réseaux simples ou pour les réseaux dont la configuration change relativement peu, on peut créer une table de routage statique efficace. Une commande TCP/IP fournit un mécanisme pour manipuler la table de routage en rajoutant, modifiant et effaçant les entrées de la table. Pour chaque réseau, l'administrateur de réseau configure le routeur suivant le coût associé à cette route. Cette information sur la configuration ne change pas, même si une portion du chemin devient non disponible. Il est évident que ce plan de routage n'est administrable que sur un domaine restreint. Cette méthode est la moins sûre et la plus difficile à maintenir, s'il s'agit d'un réseau de grand volume.

La méthode dynamique est basée sur l'implantation d'un protocole entre les routeurs. En effet, si l'on considère une configuration automatique du chemin, il faut un protocole de routage, qui soit capable de changer l'information de routage automatiquement et de permettre ainsi une actualisation de toute route changée. Dans le cas du protocole TCP/IP, la méthode dynamique est réalisée par le protocole RIP.

Routeurs et nœuds finaux

Dans les réseaux routés, il existe les nœuds finaux et les routeurs. Les nœuds finaux sont les matériels avec lesquels les utilisateurs interagissent (stations de travail, PC, imprimantes, serveurs de fichiers, etc.). Les routeurs, quant à eux, savent comment le réseau complet est connecté et comment déplacer l'information d'une partie du réseau vers une autre. Ils épargnent ainsi aux nœuds finaux de faire ce travail, ce qui leur permet de se consacrer uniquement aux tâches de l'utilisateur. Pour cela, il se servent de la table d'adresses. Ils permettent l'extension du réseau et étendent l'espace d'adresses disponible car ils ont plusieurs numéros de réseau à leur disposition ; ils aident à surmonter les limites physiques de la transmission par la connexion à des câbles multiples. Ils permettent à des groupes de machines de communiquer, tout en faisant quelles restent isolées les unes de autres.

L'envoi d'un paquet IP d'un nœud vers un autre suit un algorithme simple. Le nœud émetteur compare la portion du réseau de l'adresse de destination avec la portion de réseau de sa propre adresse. Si les numéros sont identiques, ils sont sur le même fil et dans ce cas, les deux nœuds peuvent communiquer directement en utilisant la couche liaison de réseau. Le nœud émetteur utilise ARP pour découvrir l'adresse de la couche MAC du nœud de destination et encapsule le paquet IP dans le frame de la couche *datalink* pour le livrer directement au nœud de destination.

Dans le cas contraire (numéros différents), les réseaux sont différents, les deux nœuds sont séparés par au moins un routeur, ce qui implique

que le nœud émetteur ne peut pas livrer le paquet sans l'aide du routeur intermédiaire. Le paquet est encapsulé dans le cadre de la couche liaison et adressé à l'adresse MAC du routeur sur le même fil qui livre le paquet au réseau distant. Le nœud de destination reçoit le paquet et compare son adresse de destination avec sa propre adresse : si elles correspondent, il accepte le paquet et le traitera après, sinon il l'efface.

Comportement de routeur émetteur et récepteur

Quand le nœud fonctionne comme un routeur et reçoit un paquet IP, il examine l'adresse IP de destination et la compare avec sa propre adresse IP. Si l'adresse est la même le paquet est traité comme s'il s'agissait d'un nœud final, sinon le routeur efface automatiquement les paquets reçus qui ne lui sont pas destinés.

Tous les routeurs maintiennent leurs tables de routage leur indiquant comment trouver d'autres réseaux. Le routeur compare la portion de réseau de l'adresse de destination avec chaque réseau dans sa table et pointe la route par défaut (normalement 0.0.0.0).

Une fois que la route sur le réseau est trouvée, le routeur pointe la distance jusqu'à celui-ci. Si cette distance est notée 0, le réseau est directement connecté au routeur, il envoie une requête ARP à l'adresse de destination et encapsule le paquet IP dans un client frame de datalink à l'adresse MAC contenue dans la réponse ARP. Si l'adresse est supérieure à 0, le routeur encapsule le paquet IP dans le frame de la couche datalink envoyé à l'adresse MAC du routeur suivant. Ainsi le paquet traverse internet en maintenant la même origine et adresse IP de destination ; seules les adresses MAC de la source et de la destination changent à chaque *hop*.

Tout protocole efficace doit avoir des adresses composées de parties : le composant de réseau et le composant de nœud hôte.

Les routeurs doivent savoir quels réseaux ils peuvent atteindre et comment faire pour y arriver. Les routeurs stockent l'information sur la topologie du réseau, généralement, dans des tables de routage qui listent chaque réseau connu, qui permettent de connaître le nombre de liens existant entre ces réseaux et qui informent sur le choix du routeur suivant pour envoyer un paquet.

Pour connaître le coût d'un réseau, il est recommandé de compter combien de routeurs un paquet doit traverser pour atteindre un réseau. La détermination peut se faire en distance ou en nombre de hops d'un réseau, un coût nul signifiant que le réseau en question est directement connecté au routeur. Les paquets sont livrés directement depuis le routeur à la destination finale, en encapsulant le datagramme dans un frame de niveau liaison et en envoyant une requête ARP pour les nœuds. Pour cette raison, le champ du routeur suivant, pour les réseaux directement connectés, est sans signification. Lorsque le coût est non nul, le réseau n'est pas directement connecté et requiert un routage à travers au moins un routeur, la table de routage indiquant quel est le routeur suivant. Le routeur reçoit le paquet, contrôle sa table de routage et détermine si le paquet peut être livré localement ou nécessite un reroutage vers un autre routeur. Si le réseau de destination n'apparaît pas dans la table de routage, le paquet ne peut pas être livré et il est effacé.

Chapitre 3

Java Computing

Le succès du NC sera lié à sa capacité de coexister sans accrocs avec les environnements informatiques existants (avec les PC en particulier), et de proposer un chemin de migration qui soit réaliste. Les partisans du NC voient les solutions NC en termes révolutionnaires : simplicité et réduction des coûts, au risque de mettre entre parenthèses les grandes bases informatiques déjà installées. Mais ces simplifications pourraient effrayer les utilisateurs finaux qui risquent de voir le NC mettre en péril leur manière actuelle de travailler. Les chapitres 3 et 4 essayent de réfléchir à ces problèmes en commentant un ensemble de produits NC.

3.1. JavaStation

3.1.1. *Avantages de la JavaStation*

La JavaStation de Microsystems est un bureau client allégé qui utilise les technologies modernes telles que Intranet, les protocoles Web, le langage Java et le style des stations de travail de haute qualité de Sun. Elle offre aux utilisateurs de l'informatique d'entreprise une "fenêtre", basée sur Java. JavaStation charge les applications Java à la demande et les exécute localement, tandis que les applications et les données résident dans des serveurs centraux, permettant une administration plus facile. Une JavaStation offre ainsi aux entreprises une alternative moderne aux clients traditionnels ainsi qu'une base pour le paradigme de Sun appelé Java Entreprise Computing.

La figure 3.1 donne une vue générale de la JavaStation où l'on observe un serveur des applications Java et un Data Warehouse.

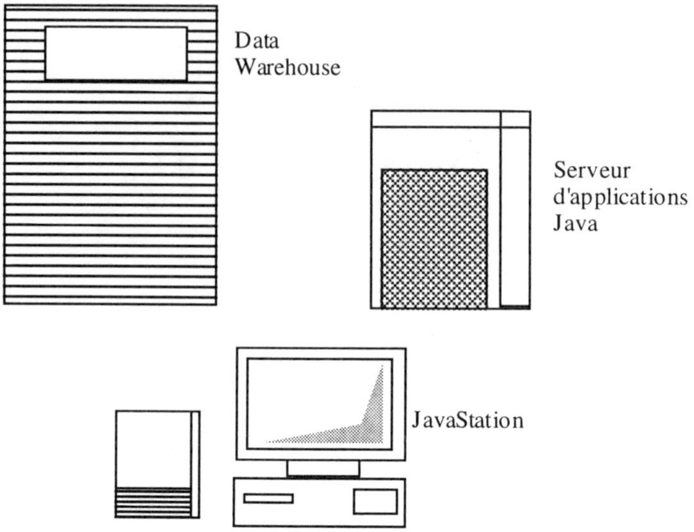

Figure 3.1. *Vue générale de la JavaStation*

La JavaStation présente plusieurs avantages comparée au système de bureaux clients classiques :

Une administration "zéro"

La conception du client allégé de la JavaStation renforce la fiabilité à la fois du matériel et du logiciel, du fait de la présence d'un nombre moindre d'éléments sensibles aux défaillances. En effet, dans l'éventualité, peu vraisemblable, d'une défaillance du matériel, l'unité défaillante peut être remplacée par une nouvelle unité, toutes les applications et les données résidant sur un réseau de serveurs (la JavaStation est un dispositif sans état). En outre, comme il n'y a pas configuration logicielle locale, toutes les fonctions d'administration sont réalisées depuis le centre. Toutes ces caractéristiques permettent de considérer la JavaStation comme un matériel ayant une administration "zéro" au niveau du bureau client.

Une sécurité améliorée

L'absence de tout état local signifie que les applications et les données résident toujours dans un serveur centralisé, où l'accès peut être contrôlé d'une manière attentive. Le modèle *Java Security Model* utilise la sécurité du langage Java installé qui agit, avec le modèle de sécurité de l'utilisateur, pour éviter tout accès non autorisé et contre l'intrusion des virus.

Une meilleure économie

Les avantages économiques de la JavaStation se comptent à partir des coûts initiaux réduits, mais ils ne sont pas les seuls. Le Gartner Group estime que les coûts annuels de possession d'un bureau “fat-client” (maintenance matérielle et administration du logiciel) avoisinent les 12 000 $, tandis que Sun estime que les mêmes coûts pour une JavaStation “thin-client” ne s'élèvent qu'à 2 500 $, ce qui représente plus de 80 % de réduction !

Une distribution d'applications simplifiée

Comme toutes les applications sont stockées dans les serveurs centralisés, elles sont chargées par la JavaStation selon les besoins des utilisateurs. Ceux-ci obtiennent, automatiquement, la dernière version de toute application. Tout cela met fin au problème des versions incompatibles de la même application qui est utilisée par différents services dans une entreprise.

Mieux encore, rien de ce qui existe actuellement dans les environnements informatiques client/serveur n'a besoin d'être écarté pour commencer à réaliser des bénéfices. Les fat clients peuvent continuer à tourner aux côtés des clients allégés, en utilisant les mêmes serveurs et services, et leurs utilisateurs peuvent migrer vers les JavaStation au fur et à mesure que les bureaux fat client sont remplacés. En somme, l'introduction de la JavaStation, client allégé, offre de nouvelles opportunités aux entreprises se traduisant par une réduction importante des coûts et de la complexité de l'informatique client/serveur de l'entreprise.

3.1.2. *Caractéristiques de la JavaStation*

La JavaStation de Sun incorpore les technologies propres de Sun telles que Sun CPU et les sous-systèmes graphiques, l'environnement d'exploitation JavaOS et l'environnement d'utilisateur HotJava Views. Le tableau 3.1 donne les caractéristiques matérielles de ces systèmes.

Haute performance 100 MHz microSPARC II CPU Graphiques accélérés pour capaciter les interfaces utilisateurs avancées ; 10/100BaseT networking pour les connexions haute performance pour les Intranets de l'entreprise ; *Boots* sur le réseau depuis le serveur ou depuis une mémoire flash optionnelle PPP (point-to-point protocole), support modem et mémoire flash capacitant le déploiement à distance ; capacité de mémoire total 64 Mb ; PC-standard XVGA (1024 x 768) and SVGA (800 x 600) avec graphiques accélérés ; clavier PS-2 et ports souris ; Disponible sans moniteur (pour réutilisation de moniteurs existants de PC), ou avec un choix de 14" ordinateur 17" haute qualité couleur ; Haute qualité technique de fabrication ;

Tableau 3.1. *Caractéristiques matérielles de la JavaStation*

Le Logiciel système JavaOS

JavaOS est un environnement opérationnel petit et efficace qui réalise les applications Java directement sur la JavaStation sans avoir besoin du système d'exploitation hôte. JavaOS est formé d'un petit cœur Java, une machine virtuelle de fenêtrage Java et des primitives graphiques, ainsi que d'une suite de protocoles de réseaux et drivers, écrits en Java. Cette conception moderne permet aux environnements JavaOS complets (y compris le navigateur HotJava) de tourner avec 2,5 Mb de mémoire. JavaOS n'est pas un système d'exploitation traditionnel, en effet il n'a pas de système de fichier (ou n'en a pas besoin), ni de sous-système de mémoire virtuelle, ni d'espaces d'adresses multiples ou de support pour des programmes de langages multiples.

Cependant, JavaOS ressemble, aussi, à un système d'exploitation traditionnel à plusieurs points de vues :

– il supporte une fonctionnalité de login et de mots de passe protégés,

– il fait tourner plusieurs applets simultanément sans problème (*multithreaded*),

– il inclut plusieurs dispositif drivers,

– il communique en se servant de protocoles standards de réseau,

– il inclut un système de fenêtrage,

– il supporte le cœur de l'API Java,

– il faite tourner des milliers d'applets Java et d'applications.

Le JavaOS a de nombreux avantages sur le système OS traditionnel, il permet, par exemple, le développement rapide des applications et il est facile à administrer.

En résumé, le JavaOS est un environnement d'exploitation compact, rapide, facile à administrer pour les applications client Java : c'est le "OS allégé", idéal pour la JavaStation client allégé.

Environnement d'utilisateur

Les administrateurs de réseau peuvent configurer JavaOS (après l'authentification de l'utilisateur) pour que l'utilisateur entre directement dans l'application client Java, facilitant ainsi l'opération comme un dispositif dédié. Par exemple, pour des applications telles que les centres d'appel des clients ou les terminaux de points de vente (POS). Les administrateurs peuvent choisir l'un des deux environnements de Sun prêts à l'utilisation terminale : environnement de webtop HotJava Browser ou le HotJava Views. On appelle webtop, le bureau Internet par opposition au bureau traditionnel appelé Desktop.

HotJava Browser

HotJava Browser est plus qu'un navigateur Web écrit avec une bibliothèque de classe Java. Modulaire et petit, il peut être personnalisé afin de créer toute application basée sur le réseau. Un API permet à l'entreprise de développer des applications basées sur Java tout en intégrant ses propres stratégies de sécurité. Comme le HotJava Browser est écrit dans le langage

Java, il peut tourner sur la JavaStation ou sur tout autre bureau supportant Java virtual Machine.

HotJava Views

HotJava Views est un environnement de webtop basé sur Java. Il est destiné à des tâches spécifiques et il est particulièrement utile pour les consommateurs qui dépensent 80 à 90 % de leur temps en n'utilisant qu'une seule application et 10 à 20 % de leur temps en utilisant une connexion d'entreprise et des outils de productivité. La figure 3.2 montre un aperçu du bureau Java.

Un environnement de webtop HotJava Views inclut :

– le *selector*. C'est une application Java opérée par JavaOS une fois que le login de l'utilisateur de la JavaStation est vérifie. C'est un outil pour sélectionner les applets, selon laquelle les consommateurs peuvent intégrer leurs propres applets. Selector est construit sur le composant HotJava Browser du JavaOS et le remplace ainsi ;

– *MailView*. MailView est un simple outil e-mail pour éditer, envoyer et sauver le courrier électronique. Il caractérise une implémentation Java, native du protocole IMAP4, qui communique avec le serveur Solaris SMP. Une intégration entre le MailView et les autres outils dans HotJava Views permet aux utilisateurs d'attacher des listes d'attente, des calendriers pour les messages, d'envoyer des messages à la liste vue dans le NameView et de revoir les URL contenues dans les messages ;

– *NameView*. NameView est une BD (base de données) donnant aux utilisateurs un accès à l'annuaire des noms de l'entreprise. Avec un schéma complètement extensible et basé sur les paires attribut-valeur, NameView peut être personnalisée pour l'entreprise ;

– *CalendarView*. CalendarView est un calendrier personnel basé sur l'outil calendrier existant Solaris CDE. Il permet aux utilisateurs de voir simultanément des calendriers multiples et des horaires de groupes. Lorsqu'une attente apparaît en sauvant un attachement d'attente depuis le MailView dans le calendrier de l'utilisateur, le message du courrier original est stocké par le CalendarView et ainsi l'utilisateur peut se référer ultérieurement au contexte pour l'attente ;

– *InfoView*. InfoView est un composant Web-browser de HotJava Views. Il supporte exactement la même version de HTML que HotJava Browser. En outre, il permet aux administrateurs système de déterminer les droits d'accès du navigateur aux utilisateurs.

Les outils HotJava Views sont simples, faciles à utiliser et bien intégrés. L'interface utilisateur est personnalisable et extensible. Plus important, les applets HotJava permettent de sauvegarder les états dans lesquels ils se trouvent, cela signifie que le bureau de l'utilisateur est le même quel que soit l'usage de la JavaStation.

Dans le cadre du network computing, le Java Computing est une technologie importante qui mérite un développement propre. Cette technologie est un support du client/serveur généralisé. Ce chapitre présente cette technologie logicielle.

3.2. Caractéristiques associées à Java

En premier lieu, Java offre des avantages dont tous les systèmes de l'entreprise peuvent bénéficier en les partageant. Les principales plates-formes du marché (Windows, Macintosh, UNIX, OS/2) auront le support de fonctionnalités Java intégrées. En outre, apparaît un ensemble de supports d'applications et des outils de développement allégeant les complications qui, généralement, ralentissent l'implémentation des technologies de base avancées.

Les applications sont plus sûres lorsqu'elles tournent sur le code original, en effet le système *Java run-time,* partie intégrante de la *Java Virtual Machine*, inspecte tout le code à la recherche de virus ou autres attaques avant de le faire tourner. Les applications sont adaptables aux changements d'environnements car les utilisateurs chargent le code de l'application de manière dynamique à partir de n'importe quel endroit du réseau. Le développement des applications est raccourci grâce à la réutilisation du code, les tests sont plus faciles et le déploiement plus rapide via Intranet. La portabilité, à travers les plates-formes informatiques grâce à la *Java Virtual Machine*, est disponible pour tous les systèmes. Les applications sont plus rapides car les processeurs actuels peuvent offrir une exécution de machine virtuelle efficace. La compilation JIT (*just-in-time*) et l'exécution directe de Java dans le silicium peut offrir de meilleures performances. De plus, il est simple à étudier et à utiliser (programmation orientée objet). Les applications graphiques et le fonctions GUI sont très performantes grâce au *multithreading* incorporé de Java.

Le fondement de Java Computing est le modèle client/serveur dans lequel le code d'application Java est dynamiquement chargé, en fonction de la demande, depuis le serveur vers le client. Dans certains cas, les applications sont stockées dans un cache sur le disque dur du client, mais dans d'autres, elles sont stockées uniquement dans les DRAM de l'ordinateur. Comme les applications résident normalement dans le serveur et sont livrées au fur et à mesure des besoins, toute l'administration peut se faire de manière centralisée sur le serveur. Les utilisateurs sont alors assurés d'avoir accès à la dernière version de l'application.

Les applications Java tournent partout où le logiciel Java Virtual Machine est installé. La machine virtuelle permet le désenclavement de la plupart des plates-formes de technologie de l'information allant sur des infrastructures hétérogènes. La liste suivante précise quelques avantages des applications Java :

– elles sont facile à apprendre,

– elles sont conviviales et permettent ainsi d'accélérer les développements d'autres applications,

– elles possèdent une interface graphique, facilitant leur utilisation.

– elles sont centralisées, éliminant ainsi le problème des versions,

– elles possèdent les fonctionnalités de sécurité qui préviennent les erreurs de mémoire,

– elles sont centrées sur le navigateur, encourageant ainsi l'intégration de l'information.

Avec cette machine virtuelle, les applications peuvent tourner avec tout navigateur compatible Java (par exemple, Netscape Navigator ou Internet Explorer). Il s'agit là d'une fonctionnalité-clé qui permet une migration graduelle du client vers une machine Java. Il s'agit d'une machine client de bureau connectée au réseau et qui peut charger toute application Java, mais sans la complexité des besoins d'administration du client (d'un PC traditionnel). Plutôt qu'un OS traditionnel, Java contient un OS Java simple avec la Java Virtual Machine. L'OS Java et la Java Virtual Machine peuvent être stockés au niveau du client dans la mémoire ROM flash ou peuvent être lancés à partir du réseau. Le stockage de données client est fait sur l'ordinateur serveur de fichier, toute l'administration client et le contrôle de configuration sont réalisés de manière centralisée.

Comme Java est indépendant de la plate-forme, le Java Computing a une portée beaucoup plus large que les environnements traditionnels de bureau. Les clients Java incluront le téléphone "intelligent" avec des présentations installées, les périphériques compatibles PDA, les set-top box, les kiosques, les périphériques de points de vente et même les machines de jeu vidéo. Sun a accordé une licence pour l'utilisation de Java dans tous ces cas. Le tableau 3.2 montre les applications écrites en Java pour les clients classiques et les clients allégés.

Applications Java (le même code tourne sur toutes les plates-formes)	
Java Virtual Machine	Classes et Java Virtual machine
Tout navigateur Java-compatible Tout OS (Mac, Solaris, Windows...) Matériel	OS Java Matériel (client léger)
Webstop Java sur client classique	Webstop Java sur client léger

Tableau 3.2. *Applications écrites en Java pour clients classiques et clients allèges*

3.3. Problèmes traités par Java Computing

Beaucoup de réseaux d'entreprise sont équipés de Windows 3.1, Windows95, UNIX, MacOS et Windows NT avec une grande variété de serveurs (fréquemment UNIX), selon différentes méthodes de mise en réseau (cf. chapitre 2). Lorsque les arrangements des architectures traditionnelles sont combinés avec l'existence de plusieurs environnements informatiques (par exemple, autres systèmes client/serveur, mainframes, stations de travail techniques et applications PC locales), il en résulte une croissance importante des coûts en TI, et les dirigeants d'entreprise sont incapables d'obtenir l'information dont ils ont besoins pour mener à bien leurs activités. Partant de ces considérations, le Java Computing essaie de contribuer à la solution de nombreux problèmes.

3.3.1. *La complexité*

La complexité des fat clients chargés avec un Gbit de système d'exploitation et les fichiers d'applications, conduit inévitablement à une croissance des coûts (supérieurs à 15 000 $ par an et par poste, lorsque tous les coûts sont considérés) et à la baisse de la fiabilité (plusieurs relances par jour). L'utilisateur final dépense une partie non négligeable de son temps à assumer la fonction d'administrateur de système, ce qui nuit à son niveau de productivité.

Java est censé simplifier les choses :

– les clients allégés ne maintiennent aucun état permanent. Codes, données et informations de système sont stockés et gérés de manière centralisée. Cette combinaison de traitement de bureau local avec une gestion centrale permet de réduire de manière significative les coûts de maintenance par poste. Sur simple demande, les applications sont chargées depuis le serveur Web. L'administration locale des fichiers de configuration n'est plus nécessaire ;

– l'inclusion de la Java Virtual Machine dans le serveur signifie que tous les clients et le serveur peuvent être programmés comme une plate-forme unique et homogène - l'environnement Java - avec des outils consistants, de la formation et de la documentation.

3.3.2. *Le coût*

Les coûts détaillés par poste varient selon les entreprises en fonction des décisions prises et de la capacité informatique requise par l'entreprise. Il existe, cependant, un certain consensus sur l'éventail de ces coûts. Selon Sun, les coûts sont proches des estimations de l'industrie : de 10 000 $ à 15 000 $ par poste et par an. Par exemple, Gartner Group estime le coût total par poste de la plate-forme PC à 11 900 $ par an [1]. Les chiffres indiquent les coûts totaux en TI, et comprennent la dépense annuelle pour le matériel, les logiciels client et serveur, l'infrastructure de réseau, le développement d'applications et le support, les utilisateurs, les ressources de maintenance dédiées, etc. Les grands entreprises informatiques sont en mesure de calculer

1. Gartner Group, Strategic Planning Research Note SPA-140-22, April 26, 1996

précisément les dépenses des clients classiques hétérogènes, des clients/serveurs standardisés, des clients X-terminal, etc. Ainsi, Sun qui dispose d'un réseau interne de 35 000 nœuds calcule de 10 000 à 15 000 $ le coût annuel par poste et par client pour les clients classiques avec des applications locales ; de 9 000 à 12 000 $ pour les fat clients serveurs standardisés ; de 7 000 à 8 000 pour les clients X-terminal alimentés par les infrastructures de réseau à très haut débit ; de 6 000 à 7 000 $ pour les clients sans disque alimentés par des infrastructures à très haut débit ; de 4 000 à 5 000 $ pour les clients sans données Solaris. Tandis que le coût des clients légers revient à moins de 2 500 $ par poste et par an.

3.3.3. *La sécurité*

Concernant les dispositifs relatifs à la sécurité, les environnements informatiques actuels de l'entreprise ont un certain nombre de points faibles.

La protection de mémoire. Java exclut la possibilité que des personnes malhonnêtes (ou par mégarde) puissent lire et/ou corrompre les adresses de mémoire qui sont en dehors du programme. Cela signifie que les applications ou les applets Java ne peuvent pas avoir d'accès mémoire non autorisés.

L'encryption et les signatures. Java supporte l'utilisation d'une technologie d'encryption puissante afin de vérifier qu'une applet vient d'une source autorisée et n'a pas été modifiée.

L'exécution des règles. Java est entièrement basé sur la technologie objet. En utilisant les objets et les classes pour représenter les entités de l'information, il est possible d'établir explicitement les règles gouvernant l'utilisation de tels objets. Comme ces règles sont incorporées dans les objets eux-mêmes, l'introduction d'accès *ad hoc* et les méthodes de manipulation sont contrôlées.

La vérification *Run-time.* Java fournit un système de vérification run-time qui assure que toutes les applets téléchargées sur le client ne violent pas l'intégrité de l'environnement. En outre, les machines Java, qui obtiennent leurs programmes et les données sur les réseaux, peuvent être configurées, sans nécessité de stocker ni de déplacer quoi que ce soit au niveau local.

3.3.4. *La fiabilité*

La complexité de l'informatique d'entreprise actuelle (clients et serveurs hétérogènes, OS, applications et topologies de réseau) peut affaiblir la fiabilité. Une défaillance dans une interface réseau peut provoquer celle de l'application. Java, de son côté, fournit un environnement approprié couvrant l'ensemble du réseau, depuis le serveur jusqu'au client. Les mêmes applications Java tournant sur toutes les plates-formes et réseaux, la simplicité du logiciel de construction client/serveur, utilisant la même plate-forme de programmation, améliorent la fiabilité du client/serveur. De plus, le langage Java encourage la production simple et fiable du code. Comme c'est un langage orienté objet, Java permet la réutilisation du code ce qui, en retour, augmente la fiabilité. Java stimule, aussi, les bonnes pratiques d'ingénierie logicielle avec une séparation claire des interfaces et des implémentations ainsi qu'un traitement facile des exceptions. La gestion automatique de mémoire de Java et l'absence de pointeurs éliminent les principales causes d'erreurs de programmation.

3.3.5. *La disponibilité des applications*

Dans l'informatique traditionnelle d'entreprise, les applications sont portées sur chaque environnement. En outre, certaines fonctionnalités des applications peuvent ne pas être disponibles sur une plate-forme particulière à cause des limitations propres à cette plate-forme. Le résultat est un déploiement d'applications incompatibles, généralement dépendantes de la plate-forme.

Java élimine ce problème à travers le déploiement des plates-formes de machine virtuelle robuste qui tourne sur tout programme d'application compatible Java à travers l'entreprise.

3.3.6. *Le développement*

Avec plus de 80 % du temps et des ressources MIS dépensés pour maintenir un ensemble complexe d'applications actuelles fat client, il reste peu de temps pour développer de nouvelles applications dont l'entreprise aurait, éventuellement, besoin.

Java Computing réduit le temps de développement des applications et des tests, laissant ainsi plus de temps pour la création de nouvelles applications à valeur ajoutée. La sortie instantanée des applications sur site Web Intranet permet un cycle de développement plus court, des applications plus itératives et la capacité de réagir très rapidement aux imperfections. Les outils de construction Java, proposés par de nombreux vendeurs, permettent de relever la productivité. Par exemple, les développeurs atteignent des productivités de 2 à 5 fois supérieures à celles obtenues par l'utilisation des langages traditionnels comme C ou C + +. La simplicité de Java, son contrôle serré, sa gestion automatique de mémoire et le traitement des exceptions entraînent un accroissement de la productivité.

3.4. Une architecture TI d'entreprise basée sur le Java Computing

Infrastructure

L'architecture TI basée sur Java sera composée d'une infrastructure réseau d'entreprise ou "Intranet." Il s'agit d'un réseau basé sur le protocole TCP/IP avec un LAN (10-Base-T de vitesse minimale) et une connectivité WAN là où cela est nécessaire. Un Intranet peut être aussi simple qu'un éthernet LAN avec un serveur Web ou bien il peut être un réseau global TCP/IP avec de multiples sous-réseaux et un *backbone* WAN à grand débit (cf. chapitre 2). Il peut aussi fournir une connectivité Internet à travers un *firewall* (pare-feu). Les standards ouverts de l'Internet ont entraîné un grand nombre de vendeurs sur le marché Intranet offrant des switchs, des routeurs, des hubs et autres équipements de réseau nécessaires pour installer et maintenir les réseaux TCP/IP.

Un serveur Web sert des pages HTML et des applets Java aux clients dans un Intranet d'entreprise. Ce serveur peut être répliqué (reproduit à l'identique) pour augmenter le nombre de clients supportés, sans avoir pour autant à supporter le fardeau de la croissance du travail d'administration. La figure 3.2 montre un "Java Desktop Serveur" qui combine le service de lancement pour les bureaux client allégé et les serveurs d'applications distribuées, sur lesquels résident les applications ou objets de l'entreprise qui seront accessibles aux clients à travers l'Intranet.

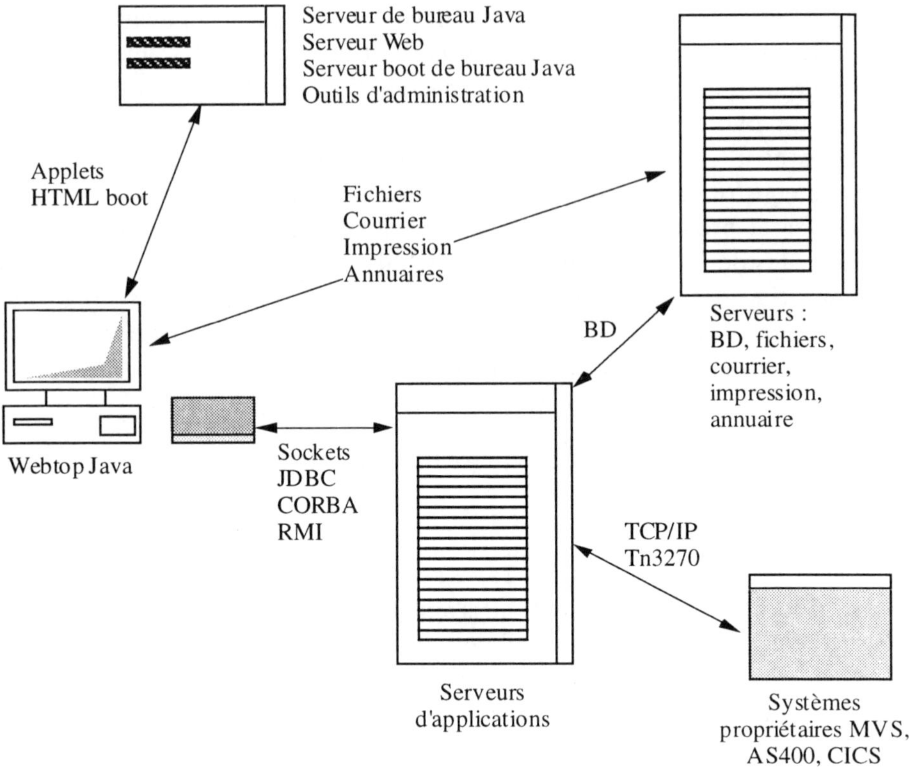

Figure 3.2. *Bureau Java*

BD, fichiers, mail, impression, services d'annuaire et autres serveurs de fonctions sont accessibles par les applets client Java. Il faut souligner que dans les petites installations, ces services peuvent résider dans le même serveur que le Web ou le serveur d'applets. Il existe un système de gestion intégrée pour les serveurs, les réseaux, et les clients, incluant les fat clients et les clients allégés.

Comparaison entre Java Desktop et X-Terminal

Une certaine confusion existe concernant les différences entre les NC, tels que Java Desktop et le X-Terminal. Si du point de vue matériel, le Java Desktop et le X-Terminal sont des implémentations des clients allégés pouvant opérer seulement s'ils sont connectés aux serveurs, leurs méthodologies méritent d'être soulignées en raison des différences importantes qu'elles présentent. Le X-Terminal, qui opère plutôt dans le cadre d'un paradigme d'unité centrale 3270 (par exemple, le terminal muet), est attaché, via le réseau, à la machine hôte qui contient toutes les applications et exécute les opérations informatiques. Il résulte de cela que même des fonctions comme les mouvements de la souris et les actualisations des écrans exigent que les données soient envoyées au serveur pour le tarissement, pour ensuite être retournées au bureau. Cela explique pourquoi beaucoup de X-Terminals opérant sur un réseau entraînent des charges significatives pour le réseau.

Le Java Desktop, d'un autre côté, fournit une distribution des tâches de traitement entre les niveaux client et serveur. Ceci permet, par exemple, l'émulation de trois paradigmes informatiques liés (cf. figure 3.2), où les données, les applications et l'interface utilisateur sont divisées en trois parties discrètes. Le Java Desktop permet cette division du travail (informatique), totalement ou partiellement, à travers sa puissante unité locale de traitement et monte à 64 Mb de DRAM (une puce contient l'information immédiatement utilisable). Un exemple de ce modèle de distribution est utilisé par le produit de *spreadsheet* du réseau *Java-based Applix Anyware*. Dans *Applix Anyware*, la partition est faite de telle manière que toute interface client de traitement (par exemple, présentation d'entrée et de caractère) est donnée localement tandis que tous les calculs (actualisation en temps réel, etc.) sont réalisés par les machines hôtes.

Comme les résultats des calculs actuels sont seulement transmis sur le réseau, ce modèle tend à occuper moins de bande passante négociable qu'un X-terminal. Dans le cas d'une application de calcul moins intensive, on peut partitionner plus d'informatique au niveau Java Desktop, ce qui permet une nouvelle réduction du trafic sur le réseau. En outre, la fonctionnalité de l'interface client local (par exemple, la présentation du mouvement vidéo, GUI et souris) est gérée au niveau local. En résumé, une différence-clé entre X-terminal et Java Desktops est que si les deux stations sont "allégées" en termes de gestion du bureau, les Java Desktops sont plus économes en termes de bande passante de réseau tout en livrant plus de fonctionnalités.

Certains postes fat client

Leurs applications principales sont très diverses et requièrent un volume important de manipulations de données locales et de stockage (par exemple, les systèmes CAE). Avec l'architecture Java, le traitement de client local doit servir à réduire les pics du réseaux et les charges du serveur, tandis que toute l'administration et les tâches de gestion sont traitées de manière centralisée sur le serveur.

Ces éléments peuvent être présentés de manière très flexible en utilisant l'ensemble des topologies de réseau. Par exemple, un bureau de secteur ou un site consommateur peuvent avoir un serveur Web local *NetraTM* pour lancer et servir les applets Java aux matériels Java locaux, par l'intermédiaire du LAN. Ce serveur de secteur serait le site miroir du Web maître au bureau central et toute l'administration pour le secteur serait faite dans le bureau principal via les outils de *frontal Java Solstice.*

Développement

En bâtissant un logiciel personnel, il y a deux questions principales à se poser. Premièrement, quels sont les meilleurs outils de développement ? Deuxièmement, quels sont les meilleurs outils pour intégrer les nouvelles applications dans l'architecture TI existante ?

Comme Java est adopté par les vendeurs d'outils logiciels, les meilleurs développements traditionnels et de nombreux outils *middleware* sont déjà disponibles pour le développement de Java. Mais Java est aussi un choix de plate-forme logicielle pour la construction de la prochaine génération de logiciels d'entreprise.

Il est important pour le développement des applications Java, d'être sûr qu'elles tournent avec différents navigateurs et sur différentes plates-formes. Ceci assure qu'il n'y a pas de dépendance vis-à-vis d'un API non standard. Le riche ensemble des API Java permet le développement d'applications fonctionnelles qui seront écrites une fois et tourneront autant de fois que l'on souhaite et partout.

Pour sélectionner le meilleur outil de développement Java, il est utile de suivre trois critères : l'expérience du développeur, le type d'application et la plate-forme du développeur. Par exemple, les développeurs professionnels avec une expérience du langage C/C + + nécessaire pour construire une application hautement performante et OLT complexes, pourraient utiliser les environnement Java intégrés tels que Sun's Java WorkShopTM. Les développeurs Web avec une expérience du langage HTML, nécessaire pour construire des pages Web animées, pourraient se servir des outils de développement tels que *DimensionX Liquid Motion*. Les dessinateurs commerciaux et les développeurs qui manquent d'expérience de programmation mais souhaitent développer des applications pourraient se servir des outils de développement tels que *Spider Technologies NetDynamics* ou *WebSeQuel* de *Infospace Inc.*

Java peut être utilisé pour accéder aux BD existantes et aux systèmes transactionnels aussi bien que pour des nouvelles applications de l'entreprise. Pour assurer ceci, Sun étend Java à des connexions des BD (à travers la BD *API JDBC Java*), aux serveurs d'objets CORBA (à travers *Java/IDL API*) et autres serveurs d'objets (à travers *Java Beans API*, qui intègre les objets *Java, ActiveX, OpenDoc* et *Live Connect* dans un nouveau cadre de plate-forme croisée). En outre, beaucoup de partenaires de Sun ont développé d'autres outils de connectivité utiles tels que l'émulateur *Web Connect 3270* d'*Open Connect* écrit en Java. Ainsi, lorsque l'on a besoin d'intégrer les applications Java avec les BD, les environnements internes ou le code d'application objet, il existe un ensemble de solutions.

3.5. Outils et avantages

Les industries comme les télécommunications, les transports, ou les banques envisagent de combiner l'approche des réseaux ouverts avec les nouveaux clients légers. Ces entreprises vont en réalité passer de l'informatique centrée sur le bureau, à l'informatique centrée sur le réseau. Dans les applications où le PC est trop compliqué et cher à faire tourner, les outils de Java Computing offrent une nouvelle option très puissante. Si l'on considère les estimations de prix données par les fournisseurs de NC, indiquées précédemment, la marge bénéficiaire est importante, encore plus si l'on tient compte du coût réduit de développement des logiciels et de la réduction du fardeau du système d'administration.

C'est pourquoi Sun estime que les entreprises (y compris les Fortune 1 000) pensent faire migrer 90 % de leurs bureaux actuels vers les outils Java. Cependant, d'autres estimations, moins optimistes, basées sur une organisation dans laquelle il existe 100 000 nœuds (PC existants et nouveaux nœuds envisagés pour une installation à très court terme) permettent à Sun d'estimer un taux de conversion de 75 % de ces candidats. Sun estime à 2 500 $ le coût des outils Java, comparé au 10 000 $ pour les anciens clients. Ces chiffres sont à vérifier, au cas par cas, mais chacun peut le faire en fonction de sa propre réalité et avoir ainsi de solides bases pour fonder sa stratégie de networking computing.

Des applications dédiées où l'entreprise utilise couramment un terminal classique, permettraient de lancer la première vague d'appareils Java Computing dans l'entreprise. Au fur et à mesure que les applications Java fleurissent, les options augmentent. Par exemple, le traitement de texte, basé sur Java ou les applications de présentation, fait l'objet de développements par les principaux vendeurs.

Une fois que les appareils Java diffusent leur expérience dans l'entreprise, la troisième vague est formée par la migration vers le Java Computing au-delà du monde de la TI de l'entreprise, dans les jeux, le téléphone cellulaire, les beepers, les set-top boxes et autres appareils. Ainsi, Corel a déjà annoncé des plans pour développer un *organiser* manuel basé sur Java avec une possibilité d'y faire apparaître des fonctions Internet.

Avantages du Java Computing

La figure 3.3 résume les principaux avantages du Java Computing.

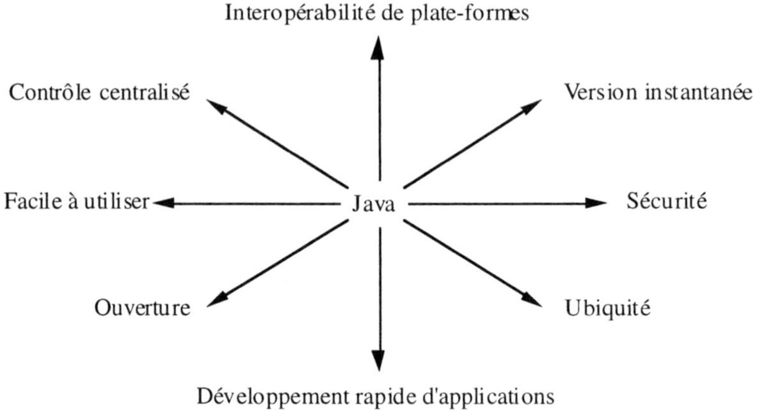

Figure 3.3. *Bénéfices de Java*

Java a créé une solution informatique indépendante de la plate-forme et aux développements prometteurs, à commencer par ceux de l'Internet. Le Java Computing envahit le monde de l'entreprise, à la fois par le biais de programmeurs séduits par les fonctionnalités de Java et par les managers qui veulent profiter de ces bénéfices potentiels. Ainsi, pour le président de Links Technology Corp, Richard Filkerstein, la solution du Network Computing, qui est la principale alternative aux PC, sera adoptée dans les trois années à venir.

Changement de l'équilibre de pouvoir dans l'industrie de TI

Le Java Computing est la clé permettant un échange d'informations transparent et offrant une connectivité universelle. Il est possible de le considérer comme l'élément manquant susceptible de réaliser la convergence de l'informatique, du téléphone, de la publication électronique et des jeux électroniques. La technologie du networking avait envisagé de tels objectifs depuis de nombreuses années, mais cela n'avait été possible en raison de l'incompatibilité entre les plates-formes informatiques. Les systèmes informatiques disparates et autres périphériques incompatibles rendent difficile l'interaction à travers l'entreprise et les systèmes. Les utilisateurs et les applications restent alors isolés dans leurs propres réseaux, traversant les frontières technologiques avec beaucoup de peine.

Java apparaît alors naturellement comme le trait commun, un langage universel qui permet à tous les systèmes de se parler les uns aux autres et de partager les applications.

Au niveau de l'entreprise, Java contribue à l'évolution de systèmes informatiques distribués. Les systèmes centralisés sont, largement, remplacés par des ensembles décentralisés de systèmes de bureaux avec une puissance de traitement et des données localisées et isolées (cf. chapitre 2). Ces deux approches ont leurs points forts et leurs points faibles. L'approche hôte/terminal permet un contrôle plus grand et facilite l'administration ; elle fournit, de plus, un stockage plus important et une importante capacité de traitement des BD et des applications de taille importante. Les systèmes de bureaux sont plus flexibles, plus à l'écoute de l'utilisateur et possèdent des interfaces plus conviviales, ils rendent cependant plus difficile la gestion et manquent de puissance de calcul ainsi que de capacités de stockage pour les tâches volumineuses.

Java Computing change le coût d'appropriation des systèmes de bureaux

Java permet de résoudre le problème important et critique dans le systèmes d'administration de l'entreprise : les PC, qui apparaissaient au début comme une source de libération du travail, transforment les MIS en une myriade de systèmes indépendants et de données qui doivent être actualisées individuellement, gérées, maintenues, etc. Or, il est impossible de continuer une politique de prolifération des PC sans augmenter considérablement les coûts. Ceci peut expliquer pourquoi les ventes de PC commencent à stagner en 1995 et que les entreprises commencent à se tourner plutôt vers des domaines comme l'Intranet et la formation.

Dans de telles conditions, il semble plus judicieux que l'information et le logiciel résident dans les serveurs et soient livrés sur demande du client. Dès lors, les efforts de maintenance peuvent se concentrer sur un nombre peu élevé de serveurs, qui peuvent servir de secours, actualisés et gérés depuis un point central de manière efficace. La perspective de l'administration centralisée, plus simple et moins coûteuse permet d'épargner beaucoup d'argent en coûts d'administration.

Java rend la vie plus facile aux utilisateurs finaux qui deviennent des experts auto-formés. Traiter les imperfections, installer et actualiser les programmes, gérer les données et rétablir les systèmes en panne plusieurs fois par jour consomment des heures de travail et peuvent entraîner des frustrations sans fin. Le modèle centré sur le réseau, basé sur Java, en revanche, offre une alternative simple dans laquelle la plupart des ressources informatiques sont maintenues sur les serveurs sous la responsabilité des experts. Les utilisateurs n'ayant ainsi plus aucun souci au niveau du matériel environnant et des technologies logicielles. L'informatique devient alors un service “d'utilité publique” convenable, fiable et économique.

Java Computing change la manière de développer les programmes

L'indépendance de la plate-forme Java signifie que les développeurs de logiciels peuvent créer une version d'une application et la déployer sur un large éventail de systèmes. Cette capacité [SAN 93] permet aux entreprises de contourner le problème de temps de gestion de plusieurs environnements et outils de programmation différents. Parallèlement, elles sont libérées du devoir d'installer les logiciels sur les diverses plates-formes. En même temps, les plates-formes informatiques s'ouvrent à un spectre très large de solutions logicielles.

Selon les entreprises ayant déjà développé des applications Java Computing, le développement est deux fois et demie plus rapide qu'avec les méthodes conventionnelles de programmation, utilisant les langages comme C et C + +.

Les entreprises et les développeurs de logiciels peuvent construire des applications basées sur Java qui s'insèrent dans leurs propres systèmes à travers un logiciel de navigation facile à utiliser, et qui offre un accès à quiconque vient de l'Intranet de l'entreprise ou si l'entreprise en fait le choix, de l'Internet extérieur.

Le système d'information de l'entreprise, à utilisation sélective de l'Internet, donne, à son tour, aux entreprises un moyen de relancer leurs ressources informationnelles, de mieux servir leurs clients et d'éliminer des coûts supplémentaires. Les entreprises peuvent offrir un ensemble d'applications, en auto-service, à travers lesquelles les clients peuvent entrer dans leurs BD, afin de passer leurs propres commandes, faire leurs propres opérations bancaires ou suivre leurs propres paquets sans avoir besoin d'un support quelconque du staff. Les gains peuvent ainsi être considérables.

Java Computing change les exigences de sécurité dans l'entreprise

La croissance du nombre de PC installés dans une entreprise entraîne un accroissement de l'insécurité des données en raison du plus grand nombre d'intervenants. Les managers cherchent toujours à éliminer les risques potentiels représentés par les appareils comme les *floppy disk* et les adresses CD-Rom qui fragilisent les PC en les exposant aux utilisateurs non autorisés, aux virus et autres menaces. Java inclut plusieurs fonctionnalités de sécurité telles que la protection robuste de la mémoire, l'encryption et les signatures, le renforcement de règles et la vérification du temps opérationnel. L'ensemble Java API contient quatre couches de fonctionnalités de sécurité :

– le langage ne contient pas de "pointeurs" comme dans d'autres langages (par exemple, C et C + +) qui dirigent les opérations de mémoire et peuvent provoquer une corruption de celle-ci (venant des défauts dans l'application) ;

– le vérificateur de code binaire construit et contrôle le caractère correct du code de programmation Java et détecte toute corruption qui peut avoir lieu venant, par exemple, des *hackers* puisque le code est écrit originalement ;

– le manager de sécurité contrôle les classes de code quand elles sont chargées et alerte les utilisateurs s'il y a des violations de la sécurité ;

– l'ensemble API contient les fonctionnalités de cryptographie implémentables par l'utilisateur qui peuvent être utilisées pour accroître la sécurité dans les relations client/serveur.

Ainsi le Java Computing permet d'éviter que les adresses de mémoire autres que celles strictement concernées par le programme puissent être lues ou corrompues. Java fournit, aussi, à l'utilisateur une puissante technologie d'encryption pour vérifier qu'une applet venant d'une source autorisée n'a pas été modifiée. Java fournit également un système de vérification du temps opérationnel, ce qui permet d'assurer que toutes les applets téléchargées par le client ne violent pas l'intégrité de son environnement.

En outre, comme les outils Java tirent tous leurs programmes et leurs données du réseau, ils peuvent être configurés sans stockage local. La nature centrée sur le réseau Java va permettre une simplification importante des solutions de sécurité.

La plate-forme Java et la technologie objet

Le monde informatique connaît plusieurs types de plates-formes : UNIX, Macintosh, Windows etc. Dans ce monde multiplate-forme, le logiciel doit être compilé séparément afin de tourner sur chaque plate-forme. Les fichiers qui tournent sur une plate-forme sont spécifiques à la machine et ne tournent pas forcément sur d'autres plates-formes. Java fait tourner des applets très interactives, dynamiques et sécurisées sur les systèmes de NC ; ce langage peut être logé sur pratiquement toutes les plates-formes existantes. Plutôt que de compiler le code propre aux systèmes d'exploitation (par exemple, Windows), il compile les instructions machine spécifiques à la machine Java virtuelle (partie centrale de la plate-forme Java), ce qui peut aussi se faire sur d'autres plates-formes. L'unicité et la puissance du paradigme Java se traduisent par des avantages importants pour les développeurs de l'espace de travail informatique, les utilisateurs finaux et le personnel de soutien.

Avantages pour le développeur

Le langage Java est un langage de programmation simple. Une fois que le code est écrit, il peut tourner sur toutes les plates-formes, y compris par exemple Solaris, Sun OS, toutes les formes de Windows (NT, 95, 3.x, etc.) et Macintosh. Plutôt que de développer des applications logicielles à livrer sur des plates-formes multiples, les développeurs peuvent se concentrer uniquement sur la plate-forme Java pour livrer des solutions de programmation adaptées, économiques. Cette approche fiable permet aux développeurs d'utiliser Java comme une alternative aux seules langages C ou C + +. En outre, comme Java devient largement adopté par les vendeurs d'outils logiciels, des développements traditionnels et des outils *middleware* sont déjà disponibles.

Par ailleurs, le modèle de distribution de logiciels JIT permet la distribution de logiciels par le réseau, éliminant ainsi les coûts de distribution et les problèmes d'espace de présentation. Résultat : Java aide à accélérer la valeur de la livraison aux utilisateurs aussi bien à l'intérieur qu'à l'extérieur de l'organisation.

Bénéfices pour les utilisateurs finaux

L'approche Java donne naissance à un paradigme où les utilisateurs peuvent accéder à l'information depuis n'importe quelle plate-forme via le navigateur. Ceci signifie que le navigateur devient l'élément qui rend possible l'accès à une information disparate telle que l'information client ou les données sur le marché, depuis chez soi ou bien en cours de route, via l'Intranet de l'entreprise.

3.6. Applications

Il y a plusieurs applications utiles de la JavaStation déjà fournies par Sun et les vendeurs de logiciels indépendants.

Emulators

Emulators permet aux organisations d'offrir aux utilisateurs un accès immédiat aux données et aux applications locales sans coûts ni interruption due à la réimplémentation. En fait, beaucoup de bureaux clients, incapables de fournir la performance nécessaire pour répondre aux applications de productivité modernes, tournent comme des émulateurs 100 % du temps.

Une autre catégorie d'émulateurs sont les émulateurs de terminal qui offrent aux utilisateurs de JavaStation l'accès aux données des unités centrales. Par exemple, ces émulateurs traduisent les flux de données 3270, 5250, VT220 et NVT en flux de données Java, et vice versa. L'utilisation des technologies Java résoud un ensemble de problèmes associés aux implémentations HTML communes, telles que les actualisations de l'ordinateur hôte en temps réel sur les écrans des utilisateurs. Cette technologie offre aux utilisateurs de JavaStation un flux de données sûr et bidirectionnel en temps réel vers les systèmes d'unités centrales.

Un autre type d'émulateur donne aux utilisateurs de la JavaStation accès aux applications Microsoft Windows propriétaires. Initiée par Citrix, cette technologie permet aux clients de déplier l'interface utilisateur pour une application Microsoft Windows qui tourne sur un serveur Microsoft Windows NT. Mais, tandis que pour le X-terminal, le client manipule seulement les fenêtres des commandes de dessins, l'application et le gros du travail informatique, réside encore dans le serveur (cf. figure 3.5). Du point de vue de l'utilisateur final, ceci est complètement transparent. L'utilisateur retient l'accès aux milliers d'applications et il sera capable d'utiliser toutes les applications Microsoft Windows avec la JavaStation. Les entreprises seront capables d'utiliser cette approche comme une solution temporaire pour ceux qui souhaitent une implémentation par étapes du modèle informatique Java.

Applications de productivité

Plusieurs vendeurs sont en train de produire des suites d'applications basés sur Java.

Corel développe une suite de bureau écrite entièrement en Java, appelée Corel Office JV. Caractérisant un nouveau GUI, Corel Office JV profite de l'indépendance de Java vis-à-vis de la plate-forme, de l'informatique de groupe et de la flexibilité d'accès aux outils de productivité existants tels que Corel WordPerfect et Corel Quattro Pro. Comme Corel Office JV est implémentée comme un ensemble de classes Java, la suite est extensible pour les entreprises ayant besoin des fonctionnalités additionnelles. L'architecture modulaire de Corel Office JV garde un petit *footprint* RAM, normalement seulement 620 kb.

Les utilisateurs ont la possibilité de travailler d'une manière transparente les applications sur le serveur NT et les présentations sur la JavaStation, ce qui leur donne accès à des milliers d'applications Microsoft Windows.

La famille de produits *Applix Anyware* utilise la technologie Java pour présenter des applications d'entreprise interactives aux webtops en réseaux.

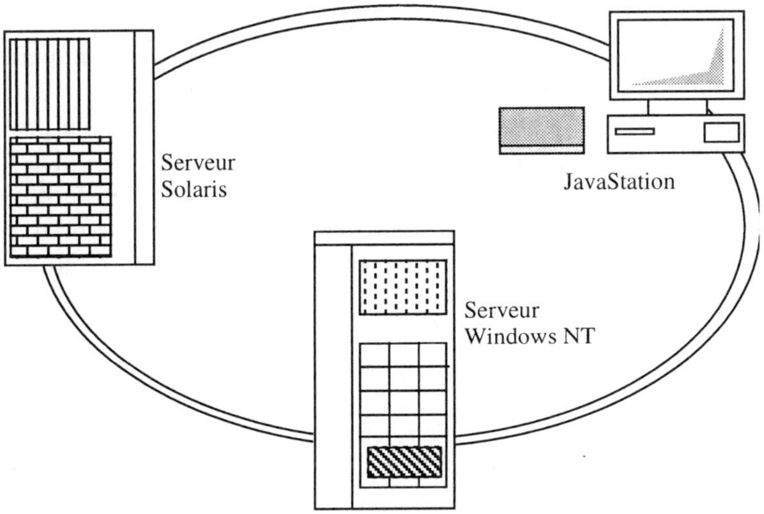

Figure 3.4. *JavaStation et serveurs*

Avantages-clés de JavaTM Computing

Il y plusieurs avantages que les entreprises peuvent tirer de Java Computing :

– une réduction drastique des coûts de l'administration client aussi bien que des économies importantes de possession ;

– un développement et un déploiement rapides des applications informatiques basées sur le réseau ;

– une amélioration de la sécurité ;

– une utilisation complète des systèmes propriétaires existants.

Java Computing a déjà fait économiser 6 millions de dollars dans le développement d'applications, la distribution et l'actualisation pour les matériels et les communications de PC clients. Un élément encore plus important de Java Computing est la vitese avec laquelle les nouvelles applications peuvent se développer. La livraison *Time-to-market* de nouveaux services aux clients fera la différence entre les entreprises performantes et les autres[2].

2. John F. Andrews President, CSX Technology Senior VP, Technology for CSX Transportation

La première étape sur la voie du Java Computing est de savoir si chaque bureau a accès à un navigateur Java. Cette plate-forme peut initialement être utilisée pour partager l'information dans l'entreprise sous la forme de pages HTML (cf. figure 3.4). Quand tous les bureaux sont habilités à utiliser Java, le navigateur Java peut aussi être utilisé pour sortir les applications de l'entreprise. Une première application importante pour le webtop est le courrier électronique. Aller vers les standards Internet pour le mail (IMAP4 et SMTP) simplifie la gestion du courrier de l'entreprise et familiarise la communauté des utilisateurs avec la fonctionnalité daccès à partir d'un navigateur. *Sun's Solstice Internet Mail* fournit un frontal IMAP4 et SMTP pour l'entreprise et s'intègre aux systèmes de courrier électronique existants.

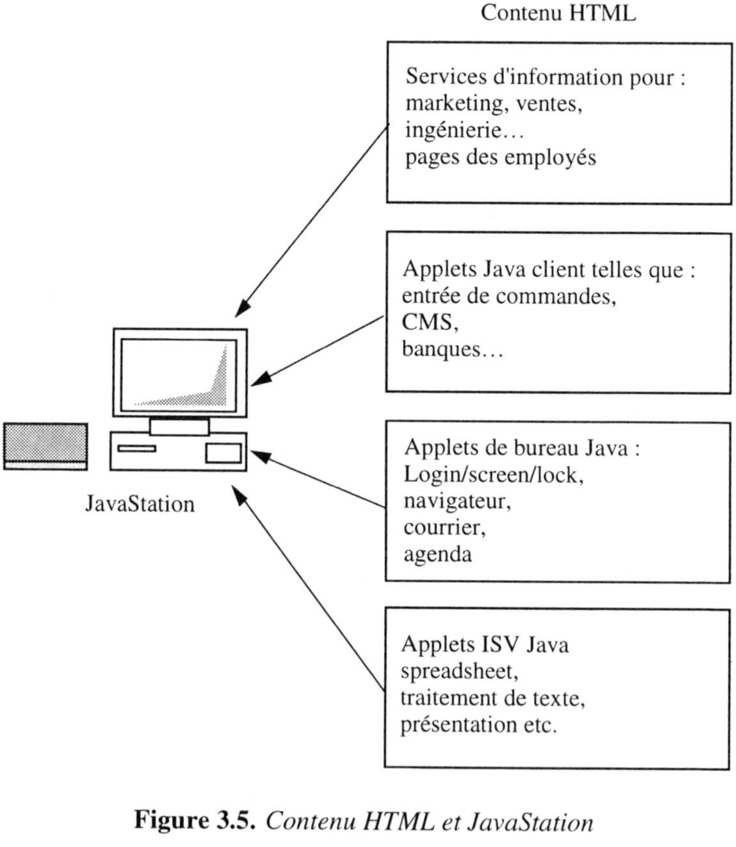

Figure 3.5. *Contenu HTML et JavaStation*

Le déploiement initial de périphériques Java s'oriente vers des domaines d'applications légères en espace mémoire et diverses telles que les systèmes d'entrée de commandes, les centres d'appels, les banques sectorielles et les systèmes de réservation utilisant une application personnalisée. Ces bureaux n'ont pas besoin d'accès aux applications de productivité et sont des candidats idéaux pour les “thin clients”.

Finalement, lorsque les applications de productivité plus générale sont disponibles en Java, un déploiement plus ample des machines Java peut se mettre en place. Un fat client peut devenir un thin client, tournant seulement sur un navigateur.

Management

La fonctionnalité de gestion-clé de l'environnement de networking Java est que la force de travail nécessaire pour gérer les bureaux clients soit grandement réduite. Toute la gestion est accomplie au niveau du serveur. Lorsqu'il n'y a pas de données ou de code client permanent, il n'y a pas d’état client à gérer. La défaillance d'un matériel client est corrigée par un simple échange des machines du bureau. Les politiques de spécification des applications et des ressources sont établies de manière centralisées.

Des outils puissants comme *Solstice Enterprise Manager* peuvent gérer les serveurs et les clients dans cet environnement. Les standards Internet comme DHCP (*Dynamic Host Configuration Protocol*) permettent l'allocation d'adresses IP automatiquement aux clients et minimisent les tâches administratives du bureau. Des outils additionnelles tels que *Solstice Backup/Archive* et *Solstice DiskSuiteTM* permettent de sauvegarder des données, et fournissent la fiabilité et la performance des réseaux d'entreprise.

Avec les serveurs de bureau *Java Netra* et les sorties de gestion de réseaux *Solstice*, les administrateurs de système peuvent gérer tous les systèmes depuis leur position centrale, en s'acquittant de tâches telles que le rajout ou l'effacement des utilisateurs, le contrôle de configuration du logiciel *monitoring* et le *trouble-shooting*. Ces fonctions sont elles-mêmes réalisées à travers l'interface Java ; elles peuvent ainsi être accessibles depuis n'importe quelle plate-forme client (avec une autorisation correspondante).

Un grand avantage du modèle de networking Java est qu'il n'y a pas besoin de déplacer les fichiers de l'ordinateur de bureau quand la personne se déplace. En réalité, les utilisateurs peuvent se logger n'importe où, pourvu qu'ils aient un accès à l'Intranet et un accès complet à l'environnement hôte. Toute information d'état permanent est maintenue dans le Web Intranet et non dans le bureau. Ceci épargne un travail important d'administration. Cela rend possible la connexion de l'informatique mobile avec un accès total à l'environnement complet des utilisateurs à travers des accès autorisés à la demande.

3.7. Migration

Java s'insère dans l'évolution de l'informatique en prolongeant certaines tendances comme la liaison graduelle de différents réseaux, la migration de la puissance de traitement de mainframe vers les bureaux et réseaux, l'effort d'équilibrer les besoins des administrateurs du système avec ceux des utilisateurs individuels.

La transition vers Java, cependant, est moins pénible comparée à d'autres alternatives par exemple Windows NT, auxquelles se trouve confrontée l'entreprise. En réalité, la question qui se pose aux entreprises est de savoir s'il faut actualiser une version d'une plate-forme basée sur une technologie déjà ancienne de plusieurs années, et fournie par un vendeur unique ou au contraire, si il faut actualiser sans fin des logiciels. Java construit et aide à unifier l'infrastructure existante de réseaux client/serveur, des plates-formes informatiques diverses, des systèmes propriétaires, l'Intranet et l'Internet. Le problème est de ne pas rajouter de la complexité mais de la réduire. Un exemple est donné par les systèmes de CAO-CF.AO qui sont soumis à rude épreuve chaque fois que l'entreprise change un logiciel : il faut tout recommencer. Devant une telle situation, Java représente une opportunité, mais à condition de faire un certain nombre de développements pour l'adapter à cet environnement.

La migration complète vers ce type d'architecture, prendra plusieurs années aux entreprises, mais le processus peut s'effectuer facilement et par petites étapes, sans écarter immédiatement la plate-forme informatique unique ou l'application seule. Les navigateurs peuvent faire tourner des applets Java sur les clients *legacy* tels que Windows 3.1 ou Windows 95 jusqu'au remplacement du fat client avec un dispositif Java. Les applications terminales (par exemple, 3270 ou VT100) peuvent tourner, via les applets émulateur Java, partout où existe la Java Virtual Machine.

Comme les “thin clients” peuvent présenter toute page HTML, les applications basées sur les formats HTML peuvent tourner à partir de ces bureaux et HTML peut alors être utilisé comme un canal de publication de l'information dans l'entreprise.

Développer la plate-forme Java sur la base de la négociation

L'implémentation de l'Intranet des plates-formes Java dans les services aura un grand impact dans le domaine du commerce, comme ce fut le cas du passage des données analogiques aux données numériques. Cela changera non seulement la manière d'intégrer et d'analyser les données, mais aussi la manière dont l'information sera livrée aussi bien en interne qu'en externe.

Alors qu'il faudra du temps pour migrer vers la plate-forme Java, il est possible dès le départ d'implémenter et de profiter aussitôt des avantages de Java sans écarter une plate-forme ou une application informatique isolée. Pour démarrer, il faut, néanmoins, suivre un plan qui peut être esquissé comme suit :

– sélectionner un navigateur Java et l'installer sur le bureau à travers l'organisation. Cela permettra aux utilisateurs de faire tourner les applets Java sur des clients propriétaires tels que Windows 95 et 3.x, SunOS, Solaris, etc. ;

– commencer le déploiement des applications disponibles commercialement, et développées en Java ;

– commencer à faire migrer les applications d'entrée de données vers Java.

Ces trois premières étapes jettent les bases de l'infrastructure informatique Java computing et permettront aux utilisateurs, développeurs et managers de se familiariser avec Java et avec l'informatique centrée sur le Web. L'étape suivante consiste à porter vers Java plus d'applications intensives et commencer à installer les clients “thin” comme le Java Desktop.

Que faire en général

Le manager

Tandis que l'industrie commence la transition vers Java, il est clair que les améliorations fonctionnelles significatives et les économies seront réalisées par ceux qui l'adopteront. Le niveau exact et la nature des ces économies deviendront plus apparents avec le temps.

Le manager général et le CIO doivent, cependant et de façon simultanée, faire tourner leur activité tous les jours et résoudre des problèmes immédiats. Nous donnons un résumé des principaux points suivant le planning proposé par Sun pour la migration complète vers Java Computing.

Actuellement

Construire une infrastructure Intranet d'entreprise en utilisant les technologies Internet. Déplier les fonctionnalités du client Java (webtops) à travers les navigateurs tels que Netscape Navigator.

Passer le courrier électronique à l'Intranet avec accès à travers le webtop. Ceci permet de fournir un accès universel au e-mail, depuis tous les clients, en utilisant des protocoles Internet, qui travaillent avec des petits et grands débits. Ceci introduit aussi les utilisateurs finaux à l'accès aux applications générales à travers leur webtop.

Commencer un programme de formation systématique dans le département MIS afin de créer des compétences Java.

Déterminer les organisations dont la tâche est de construire des applications Java. Un certain nombre de fournisseurs peuvent aider à la transition vers Java Computing.

Mettre en œuvre l'actualisation massive des systèmes d'exploitation clients jusqu'à ce que les économies engendrées par les fonctionnalités disponibles à travers Java soient supérieures aux coûts actuels. Une actualisation sélective peut convenir pour certaines applications ou utilisateurs particuliers.

Suivre de près l'annonce des produits comme les nombreuses applications Java en développement qui s'ouvrent un chemin sur le marché. Beaucoup d'applications Java sont déjà prêtes dans les domaines importants.

Au bout de six mois

Identifier les applications dédiées utilisateurs, c'est-à-dire les bureaux où les employés travaillent avec de petits ensembles d'applications personnalisées comme activité de tous les jours. Ecrire ou ré-écrire en Java ces applications et commencer à se servir des appareils Java dans ces domaines.

Les 12 mois suivants

Orienter la migration des applications vers Java dans des domaines où les bénéfices immédiats paraissent réalisables. Continuer le deploiement du “thin-client” sur les bureaux de fonctions dédiées.

Les domaines potentiels de retour immédiat sont :

– les bureaux de fonction dédiées (CMS, réservations, passation de commandes) ;

– les applications de support personnalisées aux consommateurs ou aux fournisseurs des communications/transactions ;

– les communications/transactions des employés.

Pour ces catégories, la possibilité d'accèder aux applets Java à partir de tout client est un avantage majeur.

Après 18 mois

Lorsque la masse critique des applications basées Java est atteinte, commencer à remplacer les fat clients par des périphériques Java.

Chapitre 4

Famille de produits

4.1. La Network Station de IBM

IBM s'est fortement investi dans le NC, comme le montre la création d'une division chargée de ce domaine. Cette division est la seule à développer la vision NC d'IBM. Le principal intérêt pour le NC vient plutôt des divisions S/390 et AS/400. La division S/390 se centre sur le NC générique compatible avec les autres NC standards, et pouvant être utilisée comme terminal intelligent par les serveurs de mainframe. Cependant, cette division d'IBM ne considère pas le NC comme source de revenus et ne paraît pas avoir l'intention de créer des solutions uniques liées à leurs propres produits NC. En revanche, la division AS/400 voit la Network Station comme une source indépendante de revenus, en la considérant comme un terminal plus attractif pour ses propres processeurs. Le groupe RISC/6000, dont les systèmes peuvent utiliser directement la Network Station comme un terminal X, est, quant à lui relativement prudent.

La nouvelle division de network computing affiche son intention de travailler avec d'autres produits IBM, et devrait ainsi agir comme le porte-parole avancé du network computing. Ceci bénéficie évidemment aux autres vendeurs de NC, à partir du moment où le cœur des fonctions NC reste compatible à travers les produits développés.

IBM a implémenté une version du NC dans sa Network Station. L'intérêt est de supporter dans l'avenir des connexions coax 3270 et twinax 5250.

Le protocole coax 3270 normal est connu comme DFT (ou CUT pour les plus vieilles unités de 3270). Ce protocole existe entre le terminal 3270 lui-même et une unité de contrôle 3174. La Network Station ne supportera pas les protocoles DFT/CUT, mais elle devra supporter le protocole IP avec l'unité de contrôle 3174. L'avantage d'utiliser les connexions de coax 3270 existantes est évident ; puisque beaucoup de consommateurs ont fait des investissements importants dans le câblage de bâtiment, ils seront réticents à recâbler une seconde fois leurs systèmes. Il faut noter, aussi, que le coax 3270 et les caractéristiques électriques de coax Ethernet sont différentes et ne sont pas compatibles lorsqu'un câble long est concerné. Les terminaux 5250 pour les systèmes AS/400 ont leur propre protocole de câble et ceci doit être modifié sous une forme semblable pour fournir le protocole IP sur les twinax pour les Network Stations. En dépit du manque de compatibilité entre les protocoles de câble normal 3270/5250 et l'utilisation de IP coax/twinax Network Station, le support pour de telles connexions aura une signification pour un parc potentiel de plusieurs millions de dumbs terminaux existants qui devraient être remplacé. Suivant cette piste, IBM offrira de connecter les claviers 3270 ou 5250 aux Network Stations. Mais, si cela n'est pas une offre standard, il est clair qu'elle sera disponible pour une large tranche de consommateurs.

Ethernet ou Token Ring

La Network Station actuelle apparaît sous la forme de deux modèles, l'un avec Ethernet et l'autre avec token ring. Il n'existe, cependant aucune option permettant d'adapter l'un ou l'autre de ces deux modèles. Cela est lié à la petite taille de l'unité. La Network Station est une station X avec un certain nombre d'applications fournies, telles que le tn3270 et la fonctionnalité installée dans la Java VM (*Virtual Machine*).

IBM entend fournir les fonctions de booting de Network Station pour OS/390 (MVS), VM, AS/400, AIX et autres systèmes non spécifiés UNIX, OS/2 et NT. Un gestionnaire de station qui tournerait sur les mêmes plates-formes est attendu. IBM cherche donc à se positionner avec une offre complète de solutions de network computing, solutions basées sur le volume des données des entreprises, sur les mainframes, ainsi que sur les initiatives de la nouvelle division NC et sur les ressources de services professionnels.

IBM a présenté son client Network Station destiné aux réseaux d'entreprises au Comdex. Il utilise le PowerPC et se présente comme une tentative pour accroître la part d'IBM sur le marché des microprocesseurs. En attendant le transport de ce réseau, IBM vendra ces Network Stations basées sur le PowerPC. En offrant des technologies et des produits sous la forme de CPU, ainsi que des bureaux et des systèmes opérationnels permettant d'apporter une réponse à ses clients.

4.2. Le NetPC

Le problème de la possible éviction du PC paraît être exacerbé par Microsoft et Intel, qui ont lancé leur propre stratégie pour livrer des équivalents NC avec une approche évolutive. Microsoft essaie de diffuser un NC avec quelques vagues directions et promesses pour obtenir un PC, via sa spécification NetPC, développée conjointement avec Intel. Mais, le NetPC reste cependant une simple spécification basée sur des offres dont la date de sortie reste assez floue. L'architecture NetPC utiliserait Java comme axe flexible permettant un point d'entrée lorsque les applications Java arriveront.

Microsoft et Intel annoncent, donc, une stratégie pour livrer des systèmes clients allégés basés sur l'architecture NetPC. Ils positionnent le NetPC comme architecture évolutive du PC avec un format d'impression plus petit et une gestion à distance des applications et opérations. Microsoft annonce que son but est d'offrir un PC sous Windows qui soit plus facile à maintenir, visant spécifiquement l'utilisation dans l'entreprise plutôt que par les utilisateurs. Pour différentier le NetPC des autres schémas NC, Microsoft envisage d'offrir une plus grande flexibilité en évitant les inconvénients dus à la compatibilité avec les bureaux de PC traditionnels.

Un PC sans lecteur de disquettes

L'architecture NetPC est basée sur le schéma traditionnel du PC, mais sans lecteur de disquettes ou slots d'extension. C'est donc un dérivé du PC. La plate-forme de référence du NetPC décrite par Intel et Microsoft contient, au minimum, un processeur Pentium 100 MHz, 16Mb de RAM, des capacités vidéo et audio et un élément pour prévenir la modification matérielle de l'utilisateur. Contrairement aux autres architectures NC, le NetPC contient un disque dur qui peut être utilisé pour les fichiers cachés et le chargement des applications tournant sur des serveurs distants. Le NetPC pourra donc traiter et stocker des données localement et devrait coûter moins cher, aussi bien à l'achat qu'à l'usage. Autrement dit, il pourrait répondre aux préoccupations actuelles des utilisateurs et des administrateurs (centralisation de l'administration).

Client "Zero Admin" et non client allégé

Microsoft et Intel appellent leur NetPC client "Zero Admin" plutôt que client "allégé", voulant ainsi signifier que leur but est de réduire les coûts de possession. Les constructeurs s'attendent plutôt à une réduction des coûts, notamment grâce à :

– l'actualisation automatique des livraisons du système d'exploitation à partir des serveurs centralisés,

– l'actualisation automatique des révisions d'applications,

– le *caching* des données et l'information de configuration sur le disque dur local,

– l'amélioration de l'administration des systèmes centralisés, limitant la configurabilité des systèmes individuels à travers le chargement physique et le mécanisme basé sur le logiciel.

Le NetPC, une spécification d'abord

Le NetPC reste, normalement, une spécification. Microsoft et Intel promettent de tester la configuration du NetPC pendant cette année et de fixer, ensuite, les objectifs de production pour les NetPC. Les principaux vendeurs de PC soutiennent les plans du NetPC : Compaq, Hewlett-Packard, Digital, NEC, Toshiba et Gateway 2000, mais peu d'entre eux ont discuté des produits. Certains utilisateurs sont déjà prêts à s'engager dans le déploiement des NetPC et beaucoup de ces sociétés ont pris des mesures tactiques pour réduire la complexité des bureaux PC à travers de nombreuses étapes intermédiaires comme, par exemple, celle d'obliger toutes les applications à être chargées sur les PC à partir des serveurs plutôt qu'à partir des disques durs locaux.

Un support Java

Normalement, la stratégie NetPC se réduit à présenter une vision enthousiaste du futur ainsi qu'à offrir une estimation large des principaux atouts du produit. Ce plan traite directement d'importants aspects, souvent esquisés dans les solutions NC, comme le sont, par exemple, la protection de l'investissement avec, en particulier, la compatibilité d'applications. Mais en restant cantonné dans le cadre des architectures PC existantes, la proposition

NetPC risque de mal tomber pour ouvrir la voie à la prochaine génération et au potentiel des infrastructures informatiques distribuées telles que celles basées sur le langage Java. Si le NC conçu dans la vision Java implique une interopérabilité universelle, l'architecture NetPC paraît se rapprocher d'une sorte de support Java, sous la forme d'une barrière flexible, tournée vers le futur, lorsque les applications Java seront disponibles. Mais le NetPC fera tourner des programmes Java, seulement dans l'optique d'utiliser le navigateur Web Internet Explorer de Microsoft, s'isolant ainsi, brusquement, du rôle potentiel que peuvent jouer les outils Java à d'autres niveaux plus élevés.

4.3. Autres fournisseurs

Boundless Technology

Boundless Technology est le principal vendeur de terminaux texte (ASCII) ; il est connu sous plusieurs noms commerciaux. Boundless Technology voit le NC comme une extension naturelle du terminal installé. Il propose trois produits : XL, XLT et la station winFrame. La station winFrame possède déjà beaucoup d'éléments d'un NC mais elle est limitée à des fonctions nécessaires pour les interactions Windows NT à travers les interfaces Citrix/Insignia. Les produits XL et XLT sont de véritables NC, XL étant un produit bas de gamme et XLT, un produit haut de gamme.

Les premières différences entre XL et XLT sont l'extensibilité et la performance, la fonctionnalité centrale étant la même. Le XLT offre une vitesse de processeur plus rapide, une mémoire maximale plus large et une boîte assez large pour les périphériques optionnels.

Oracle

Oracle n'est pas un vendeur de matériel NC. Il propose des spécifications détaillées suivant sa vision du NC et un certain nombre d'entreprises offrent des produits conformes à ces spécifications. Le cœur de ces spécifications semble en conformité avec les exigences d'un NC multivendeur. Oracle a confié la standardisation à l'Open Group (groupe de standardisation des systèmes ouverts), et la réalisation du NC à sa filiale NCI. La configuration du NC est tournée vers le réseau et Java.

Oracle voit le NC comme le “tueur” du PC. De plus, il voit le marché de consommateurs lié à l'utilisation des téléviseurs comme terminaux. Oracle étendra et modifiera ses principaux produits logiciels selon le schéma du NC. Oracle paraît se concentrer sur des applications spécifiques et sur des matériels qu'il pense appropriés au marché des consommateurs, y compris les interfaces TV, les joysticks, les liaisons infrarouges pour les claviers et les souris.

WYSE

Wyse a fourni son produit WinTerm en espérant pouvoir l'utiliser avec Windows NT, via le protocole Citrix ICA. La connexion à travers le *dial-up* TCP/IP ou Ethernet TCP/IP et les paquets ICA sont envoyés via TCP/IP. Le développement de WinTerm fournit une base pour la récente annonce des réseaux d'ordinateurs de Wyse : le WinTerm 4000 Series.

Malgré un démarrage plus tardif, Wyse possède une base fonctionnelle très solide. Le système Winterm 4000 Series, basé sur une annonce de matériels initiaux, exécute des applications Java et a accès aux applications Windows NT. Ces séries sont basées sur la puce *StrongARM*, tournant sur JavaOS ; ceci fournit une base informatique de matière première puissante. Les capacités natives Java rendent possible l'implémentation d'applications des routines NC, comme celle d’applications Java, de manière similaire à celle employée par la JavaStation de Sun.

Les produits 4000 Series annoncés paraissent combler les capacités des navigateurs natifs. Un produit allié proposé par Wyse, le *JSB ALPHABrowser*, fournit un navigateur sur un serveur UNIX qui alimente les terminaux Wyse, orientés caractères et connectés au serveur. Mais, étant donné l'importance du contenu graphique de l'Internet, il est légitime de se poser la question de l'utilité du produit *ALPHABrowser*. Il peut trouver une utilisation dans certains Intranets restreints.

On s’attend à ce que Wyse devienne un concurrent sérieux sur le terrain du NC, et non un fournisseur de solutions complètes. L'utilisation de Java OS indique clairement les directions dominantes du développement de Wyse. Sa stratégie paraît prendre la forme d'un ensemble d'alternatives de terminaux, le NC étant l'une d'entre elles. Cette approche semble correspondre à sa position à long terme comme principal fournisseur de terminaux. Il se positionne comme un fournisseur de terminaux dumb, terminaux NT/Citrix, terminaux à but général et NC avec une couverture permettant de traverser ces différentes catégories. Il s'agit d'un vendeur de terminaux au sens large du terme.

Le centre de l'application de HDS diffère de celui d'IBM et Sun. Mais s'il fournit X windows et le navigateur Web, il ne fournit pas encore un support 3270 ou 5250, même s'il espère pouvoir le faire bientôt. Il y a une orientation forte vers Windows NT, où les produits Citrix et Insignia peuvent fournir une interface X. En fait, ce vendeur indépendant produit la technologie qui permet d'avoir des plates-formes de serveur indépendantes. Il a l'intention de produire le meilleur NC du marché. C'est son premier objectif en renforçant d'autres lignes de produits. Les solutions complètes peuvent avoir besoin de terminaux personnalisés. Ils offrent plusieurs voies pour parvenir à étendre les NC et inviter les consommateurs à designer les fonctionnalités du NC dont ils ont besoin pour leurs applications.

Le protocole ICA (Intelligent-ConsoleArchitecture)

Ce protocole est proposé par les sociétés du client lèger. Dès lors que les entreprises sont en train de rajouter des nouvelles dépenses aux coûts réels de chaque PC dans les bureaux, elles doivent se poser la question de la recherche des nouvelles solutions - ces solutions peuvent être liées aux nouvelles approches de l'informatique distribuée sur le réseaux et sur Internet. C'est ici qui apparaît le concept de Enterprise Access (EA). Avec EA, les CPU de serveurs, la mémoire et les ressources des disques font tourner les applications des utilisateurs. Les applications de traitement et le stockage de données se déroulent au niveau du serveur. Et pendant que l'EA simplifie la gestion du côté client, le côté serveur devient un peu plus compliqué. Les solutions EA se décomposent en trois parties:

– logiciels d'application-développement qui tournent à la fois sur le client et le serveur,
– matériel client,
– serveurs.

C'est le protocole Intelligent-Console Architecture (ICA) qui permet l'existance des logiciels d'application-développement. Comme le protocole X, l'ICA utilise TCP/IP et à chaque fois il sépare l'interface et les exécutables entre le client et le serveur. Mais, contrairement au protocole X, l'ICA supporte DOS et Windows pour PC. En outre, il utilise la technologie de la compression afin de minimiser le transfert de données. Dans d'autres mots, ICA opère plus efficacement sur les réseaux à bande passante plus petite.

Les produits ICA, tels que Citrix WinFrame, séparent la couche d'interface utilisateur des applications NT du segment exécutable. Cette interface est distribué au client et sa logique tourne sur le serveur. Le client envoie au serveur, seulement, des entrées à partir du clavier et de clicks de souris; le serveur envoie au clients des instructions des écrans mis à jour. Le volume de données allant entre les deux est à la fois minimal et lourd.

Les terminaux Windows, les systèmes Pentium Intel et les PCs 386 et 486 (même 286) ont la capacité pour faire tourner le logiciel client ICA. Les stations de travail Unix, les terminaux X, les Macs et les NCs peuvent aussi opérer le protocole X sous ICA. Enfin, parmi les fournisseurs des produits ICA on a Citrix, NCD, Insignia Solutions, Tektronix et Wyse.

4.4. Points communs et différences

Java est un standard

Chaque vendeur offre une machine virtuelle Java. Les applications Java sont largement développées, même si aucune suite d'applications importante n'est encore disponible. Une application Java peut être conçue pour exécuter un serveur hôte, où résident les fichiers de données ou peut être conçue pour tourner sur un ordinateur de réseau, avec des fichiers d'extraction sur le réseau. Ces deux conceptions peuvent avoir des différences significatives selon les hypothèses sur les bandes passantes du réseau concerné.

Ethernet est une base standard

Tous les vendeurs offrent des connexions Ethernet mais seuls IBM et Wyse fournissent une connectivité token ring. L'ensemble des vendeurs fournissent des applications tn3270. Excepté HDS, aucun vendeur n'encourage la programmation non-Java directe du NC par les clients. Tous offrent une mémoire à 8Mb au départ, mais tous confirment que les unités pratiques démarreront à 16Mb.

Le navigateur Web a des capacités variables

Chose étrange, les vendeurs (excepté Oracle, dont le statut est connu) sont incertains sur les facilités offertes par leur navigateur Web. Les questions du support JavaScript, à l'exception de Sun, sont relativement peu abordées. Tous emploient des navigateurs maison et le niveau de ceux-ci, par rapport aux prochaines versions de navigateurs de Netscape, n'est pas clairement identifié. De plus, aucun vendeur ne connaît le volume de mémoire NC requis pour une performance acceptable du navigateur un navigateur utilise normalement de la mémoire locale ou du disque pour cacher les pages Web.

La mémoire flash

Chaque vendeur soit offre de la mémoire flash exigée pour le *caching*, soit envisage de le faire dans un avenir proche. La mémoire flash serait utilisée pour éviter le chargement de volumes importants de logiciels chaque fois que l'unité se connecte au réseau. Le stockage local, non volatil, est, probablement, un besoin pour les ordinateurs en réseau à la demande et c'est aussi une condition souhaitable pour les LAN les plus lents.

Différences

La première différence importante concerne le support d'impression. Le support pour l'impression du NC est un domaine important qui permet de différencier les vendeurs, il y règne cependant une certaine confusion. En effet, les standards NC pour l'impression ne sont pas encore disponibles et donc les alternatives d'impression prennent la forme d'approches différentes. Les vendeurs offrent des sessions tn5250, pour lesquelles IBM est le seul fournisseur de l'ensemble du support, d'autres vendeurs affichent cependant leurs intentions.

Par ailleurs, l'impression peut devenir vite complexe avec les données en mode ligne (de sessions tn3270s, par exemple), des sessions graphiques X windows, des images Web, des fichiers, etc. Si le marché des NC n'a pas encore décidé comment sera l'impression, il est important que le consommateur exprime ses besoins en la matière.

Le support pour les sessions tn5250 est un autre terrain de différence. IBM fournit un support complet ; certains vendeurs n'offrent aucun support, d'autres manifestent des intentions floues. Dans ce contexte, seul, IBM espère fournir des formes de connexions coax et twinax. Ce support utilisera le protocole IP sur le coax et dépendra des changements de microcode dans plusieurs unités de contrôle IBM 3174. L'intérêt du coax (et du twinax) est que les fils existants peuvent être utilisés lorsque les terminaux IBM 3270 et 5250 seront remplacés.

Le support pour JavaScript, dans les navigateurs web maison proposés par tous les vendeurs, semble un domaine obscur pour le moment. Les vendeurs sont capables de fournir des détails sur les fonctionnalités exactes qui seraient offertes. Cependant, la plupart ne donnent pas de précision sur le moment auquel JavaScript sera implémenté dans leur navigateur ou à travers des liens à leur machine virtuelle Java.

Les produits diffèrent par les connexions à la demande

Oracle paraît se concentrer davantage sur le dial-up, alors que les autres vendeurs l'offriraient en utilisant des modems externes. Ceci est en rapport avec le besoin de mémoire flash pour obtenir une performance dial-up raisonnable dans les premiers NC utilisés par les vendeurs dans leurs développements internes.

Présence de lecteurs de disquettes

Les disques ou disquettes chargés ne sont pas ajustés à la vision du Network Computing. Une exception peut consister en un cache local d'applications et des pages navigateurs. IBM et Sun n'ont pas de plans pour les disques ou disquettes locaux. HDS peut les fournir comme des options standards avec des interfaces de programmation définies. Boundless Technology propose un lecteur de disquette local en option standard. L'utilisation de lecteurs de disquettes NC peut changer la perception des attributs du NC et fragmenter le marché ou le recouper avec le marché des "PC allégé" ce qui peut tourner à l'avantage du NC.

Chaque vendeur offre une machine virtuelle Java, mais seule, la JavaStation de Sun dépend uniquement de Java pour toutes ses fonctionnalités. Les produits restants sont des variantes de terminaux de système X Windows avec un traitement local incluant des fonctions Java qui sont ajoutées. La connectivité Ethernet est centrale à toutes les offres, mais IBM et Wyse fournissent aussi une connectivité token ring.

Solutions complètes

Sun, IBM et Oracle se concentrent principalement sur les solutions personnelles. Sun a un plan immédiat, basé sur Java pour les fonctions point à point. IBM a un plan à long terme qui nécessite l'intégration des applications et des interfaces OS/390 et AS/400 existantes avec une conception plus complexe pour le network computing. Microsoft propose des applications spécifiques pour des solutions complètes, ce qui pose le problème de son intégration en fonction des exigences de l'entreprise.

A en croire les déclarations publiques, la solution complète diffère beaucoup dans les visions de Sun et Oracle. Oracle envisage des applications spécifiques, orientées utilisateurs de l'entreprise et ménages, cherchant à “abattre” le PC. Sun envisage un environnement point à point Java où les éléments des applications peuvent aller d'une plate-forme à une autre ; les applications spécifiques sont à développer par les clients selon leurs propres besoins.

REMARQUE.– Chaque NC a ses propres attributs, mais tous les NC contiennent la machine virtuelle Java (ou une machine réelle Java, dans le contexte des produits Sun), faisant de Java une base solide pour construire des applications et des solutions NC. Cependant les vendeurs de NC doivent proposer le traitement des extensions de Java.

Le danger de la réaction de l'utilisateur contre le NC

IBM proclame la coexistence des PC avec sa Network Station, tandis que Sun s’interroge sur le besoin en PC dans l'avenir. Oracle avoue clairement ses intentions de “liquider” le PC. Mais toutes ces déclarations ne disent rien sur les dépenses permettant le maintien d’un nombre important de PC dans un environnement d'entreprise. Tandis que la simplification des fonctions de PC peut être intéressante pour la gestion des machines, les mêmes réductions anticipées de PC risquent d’effrayer les utilisateurs. Un retrait important des PC serait intensifié par la publicité de Microsoft sur les plans NetPC.

Le succès du NC dépend des perception par les utilisateurs, et de l'avis des manageurs. Il est facile d'oublier que la diffusion des PC dans les entreprises a eu lieu malgré l'opposition des départements informatiques. Leur résistance et celle des utilisateurs risquent de contrecarrer les plans NC du management. Les NC doivent répondre aux attentes des utilisateurs types ; ils ne doivent donc pas être imposés par une décision du management. A une petite échelle, IBM, en se concentrant sur le remplacement des 3270/5250, positionne son NC comme une actualisation pour ces utilisateurs. Malheureusement, cette vision peut s'écrouler si les terminaux 3270/5250 servent d'émulateurs tournant sur des PC. Si le PC émulé est un vieux 286 ou 386, alors l'utilisateur peut voir le NC comme une actualisation. Mais avec un PC plus moderne tournant sur des applications non émulées, l'utilisateur risque de ne pas voir le NC comme une actualisation.

Chapitre 5

Network Computing, entreprises et Internet

Ce chapitre fait le point sur certains problèmes posés, presque naturellement aux entreprises, et plus généralement à un large éventail de personnes, par l'arrivée du network computing. Le network computing est un phénomène qui en est encore à ses débuts. Il est non seulement difficile mais aussi hasardeux de vouloir cerner ses contours précis et ce qu'il sera, même dans un avenir proche. Pourtant, nous sommes certains, aujourd'hui, qu'il s'agit d'une nouvelle étape dans le développement de l'informatique et cela ne concerne pas seulement le secteur informatique. L'emprise croissante de l'informatique sur l'ensemble des activités économiques fait du network computing un phénomène qui dépasse largement les seules querelles internes sur la stratégie des constructeurs informatiques.

5.1. NC et orienté réseau

Ce paragraphe est consacré à l'étude des problèmes liés à l'aspect matériel de plus en plus évident dans l'évolution actuelle. Pour comprendre cet impact nous raisonnons en termes de produits et de fournisseurs des produits, ce qui nous amène à poser la question des "stratégies" des constructeurs informatiques et de leurs relations avec les réalités et les besoins des entreprises.

Evolution longue

Le network computing s'annonce comme une évolution sur du long terme. Le Network Computer est l'élément du network computing. Pour le marketing, le NC est simple ; cependant, si tous les vendeurs peuvent offrir des produits NC, tous n'offrent pas une solution de network computing.

Points communs

A l'exception notable d'Oracle, aucun vendeur ne s'adresse au marché des consommateurs. En outre, tous apparaissent avec l'ambition déclarée de remplacer les terminaux existants et l'utilisation limitée des PC. En dehors de cette étude, la *WebTV* et d'autres suivent les marchés des consommateurs avec leurs propres variantes de NC.

Les paragraphes qui suivent proposent quelques commentaires sur les fournisseurs de produits. Il s'agit de connaître le positionnement de leur stratégie informatique et commerciale, afin que les entreprises puissent adapter la leur en fonction de leur aménagement en parc informatique.

Compatibilité

Les vendeurs de NC ont tous envisagé des solutions de base pour l'intégration compréhensive NC-PC, par exemple, à travers un support destiné à fournir des environnements identiques pour les deux. Le support Java assurerait la compatibilité dans l'avenir et permettrait ainsi de résoudre ce problème. En réalité, Java soutiendra la compatibilité seulement pour les solutions NC centrées sur Java de Sun. Certains vendeurs peuvent fournir la possibilité d'émuler des applications basées sur leur architecture de processeur NC dans un environnement PC. Cependant, la compatibilité intégrale va au-delà de la simple capacité à opérer le même code et s'étend aux procédures de *boot*, au *look-and-feel* et aux méthodes de gestion de système. Par ailleurs, les vendeurs de NC doivent minimiser l'écart dans tous les domaines concernés, afin d'éviter que les utilisateurs n'aillent à l'encontre du développement du NC.

IBM

IBM est un constructeur incontournable, notamment par le parc de machines installées et par la bataille qu'il mène actuellement pour survivre aux vagues successives qui secouent le monde des technologies de l'information et de la communication depuis le début des années 1990, amplifiées au-delà de toute attente par le phénomène des Nets (Internet, Intranet, Extranet...).

La figure 5.1 montre l'évolution suivie par les architectures informatiques selon l'esprit d'IBM. On voit se dessiner une sorte de spirale du développement informatique qui va des années 1970 à la fin des années 1990. Au début, l'architecture tournait autour d'un mainframe entouré de terminaux 3270, puis apparut le serveur central avec, autour, des terminaux et puis des PC (1980 et 1990). L'avenir sera réservé à cette architecture avec un serveur central et des Network Station. Dans cette vision, qui est celle d'IBM, le problème est simple : quelle stratégie doit suivre IBM devant le phénomène du network computing de façon à ce qu'elle soit la plus à même de profiter de sa base informatique déjà installée ? Comment peut-elle contribuer à moderniser, tout en revalorisant son parc de machines ?

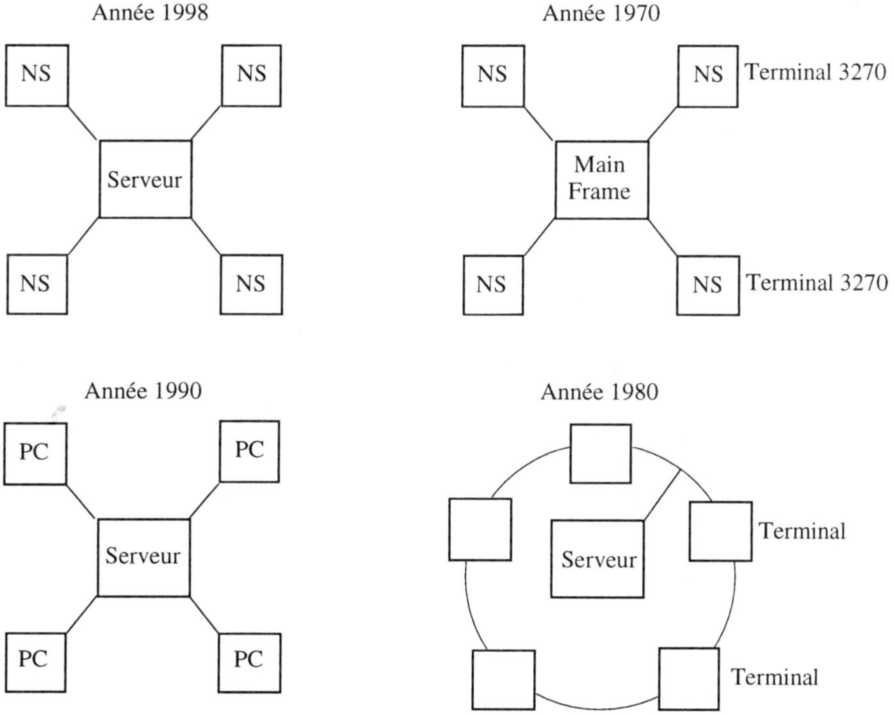

Figure 5.1. *L'évolution du réseau en étoile, le grand rêve d'IBM*

IBM paraît s'engager très sérieusement dans la voie du network computing, comme le montre plusieurs initiatives et investissements. L'entreprise entend fournir des systèmes complets pour le network computing, la Network Station étant un élément de cette stratégie. La Network Station est un remplacement moderne des terminaux 3270 et 5250. Elle connecte soit le système token ring, soit le système Ethernet et bientôt connectera le coax 3270 ou le twinax 5250 avec une actualisation. Elle peut encore se servir des claviers et éviter ainsi une nouvelle dépense importante pour supporter les systèmes de PC distribués qui sont les plus utilisés comme émulateurs 3270/5250, en outre, elle intègre un navigateur web.

Une Java VM et JavaScript sont fournis

Même en dehors de sa Network Station, IBM s'est investi beaucoup dans Java. Les raisons de cet engagement peuvent changer d'une division d'IBM à l'autre. Le groupe OS/2 a été l'un des plus actifs supporter de Java ; il voit clairement que Java peut lui fournir les applications dont il a manqué dans la compétition avec Microsoft.

Le premier point consiste à penser que la Network Station (et le NC, en général) renforcera l'utilité et la croissance des systèmes serveurs d'IBM, S/390 et AS/400. C'est une raison pour acheter, dès maintenant, des Network Stations plutôt que dans un futur indéterminé lorsque les NC seront au point.

En créant une division séparée, IBM s'engage dans la course du network computing. Cette division devrait accélérer la promotion du NC. Si IBM réussit à établir un terrain propice à l'utilisation du NC, comme les terminaux de mainframe, les autres vendeurs de NC pourrait également en profiter, en particulier, Sun. Ainsi, IBM ouvre une voie à Sun pour l'utilisation de Java dans les applications traditionnelles d'entreprise, et pour l'acceptation des NC comme des terminaux de mainframe.

Microsoft

Microsoft paraît être l'ennemi à abattre dans cette bataille pour le positionnement du network computing. Mais Microsoft a également ses propres cartes à jouer, en particulier, depuis le revirement stratégique de l'année 1996 vers le "tout Internet".

Pour Microsoft, les consommateurs doivent conserver Windows pour préserver leurs investissements actuels. Il y a plus 100 000 applications Windows et 1.7 millions de développeurs de logiciels travaillent sous Windows. On ne peut pas ignorer cet investissement. Microsoft & Intel seraient alors en mesure d'offrir des systèmes meilleur marché pour Windows 95 et Windows NT, via l'initiative zéro-administration. Les consommateurs refusent la complexité de nouveaux matériels incompatibles (c'est-à-dire non-Intel) et des nouveaux systèmes d'exploitation. Il faut souligner que Microsoft et Intel auront une place sur le marché, à partir du moment où des grandes sociétés comme Compaq, Dell, Gateway, Packard-Bell, HP, etc. appuient leurs positions et pourront, donc, sortir des produits la soutenant.

Boundless Technology, est un des acteurs principaux dans le domaine des terminaux d'entreprises, les NC sont des extensions naturelles de ce travail. *Boundless Technology* possède, de plus, un réseau commercial large, des canaux et un support familier à de nombreux consommateurs et fournit un environnement de bureau reconnu par Windows NT. Il supporte le NC avec un code de serveur, adapté sur pratiquement tous les systèmes UNIX, couramment utilisés, et on peut élargir la liste si nécessaire.

Sun

Sun et son produit phare Java se trouvent dans une position avant-gardiste. Sun fournit un cadre pour des solutions complètes de network computing, définies par IBM, le lien étant Java, d'un bout à l'autre. La JavaStation de Sun est dominée par ses caractéristiques Java. Toutes les applications sont écrites en Java, y compris pour les émulateurs 3270 et 5250. Ce point fort rend les applications de la JavaStation automatiquement bénéficiaires, des améliorations futures du langage Java et de l'environnement Java. Il renforce l'idée que la JavaStation va rester la force de frappe de l'intérêt pour Java et son développement. Le point faible est que Java ne peut être le langage idéal pour les manipulations de bits de bas niveau, nécessaires pour les protocoles de communication et les émulations de terminal, spécialement lorsque l'on à affaire à des graphiques.

Contrairement à la Network Station d'IBM, la JavaStation n'est pas bâtie sur la station X. Elle est bâtie sur la VM Java et elle est destinée à tourner sur un processeur Java lorsque celui-ci sera disponible.

La JavaStation fait partie des solutions complètes, basées sur Java. L'indépendance de la plate-forme Java et l'intérêt qu'éveille l'environnement Java sont des catalyseurs. Les applications, écrites en Java peuvent migrer d'un mainframe vers les serveurs UNIX. Oracle possède une vision d'application qui se rapproche de celle de Sun. Mais ces deux approches ne se rencontrent pas. En particulier, la vision d'Oracle se concentre sur des applications spécifiques (à commencer par les produits Oracle) conçues pour supporter leur unité NC, tandis que Sun cherche à répondre aux besoins de nombreuses applications générales écrites en Java.

Le serveur Solaris

La première utilisation de la JavaStation nécessitera d'un serveur Solaris mais le support permettra le *booting* de beaucoup d'autres plate-formes. Un outil de gestion sera fourni pour Solaris, mais aucun plan n'est établi pour les autres plate-formes.

Stratégie

Beaucoup des schémas informatiques distribués existants ont prouvé qu'ils sont coûteux et trop complexes à maintenir. Sun offre maintenant une nouvelle approche pour les solutions point à point bâties autour d'une technologie simple, Java. Sun propose un cadre complet pour les solutions de network computing, ce qui le positionne comme un vendeur-clé pour les fonctions d'entreprise. La technologie de la JavaStation de Sun est ouverte et les NC des autres vendeurs peuvent être utilisés aussi bien que toute VM Java implémentée sur les PC.

5.2. Problèmes techniques

Mais si le network computing semble bien parti, comme le montre, l'engouement des constructeurs, il n'est cependant pas exempt de problèmes. Nous commentons certains de ces problèmes à titre d'exemple.

Bande passante

Si l'absence d'un premier marché de NC pose certainement des questions (les principaux acteurs -Sun, IBM- n'en sont encore qu'à l'étape de l'introduction de leurs produits de base), d'autres problèmes non moins importants sont à souligner et parmi ceux-ci, l'un des premier est celui de la bande passante.

Les hypothèses concernant la disponibilité de la bande passante sont primordiales pour la conception d'applications de network computing.

La bande passante est un point-clé pour le network computing tournant à plein régime. Problème : un fichier doit-il être traité dans le système dans lequel il réside ou dans le système dans lequel il est utilisé ? La conception de la programmation peut être vite différente dans les deux cas, même si les implémentations au niveau objet distribué peuvent permettre aux mêmes protocoles d'être utilisés dans les deux cas. Le facteur-clé est alors la bande passante disponible et concerne aussi d'autres questions que le seul taux de vitesse à laquelle travaille une liaison donnée. Les concepteurs d'applications pour le network computing doivent générer une performance qui soit acceptable sous les contraintes imposées par la bande passante.

En revanche, lorsque la bande passante est disponible pour un trafic donné, c'est du côté du NC qu'il faut regarder le problème. En effet, la question est de savoir si le NC est assez performant pour ce niveau de bande passante ; il ne faut pas qu'il devienne un facteur limitant cette performance. Nous sommes ici devant un problème classique d'optimisation du système qui se résout, heureusement, par les méthodes connues telles que celles proposées par la recherche opérationnelle. La mauvaise nouvelle est que ces méthodes seront inopérantes si les architectures des composants et des logiciels qui entrent en jeu dans ce problème sont les limitations du départ.

Sun paraît croire que la bande passante large sera disponible avec l'évolution du réseau et il a l'intention de produire des NC en s'appuyant sur les performances supérieures de Java. Wyse met également l'accent sur les performances des matières premières (les données, BD, logiciels, matériels, etc.) de leur unité de base NC. Leurs buts initiaux semblent être limités à plusieurs types d'émulation de terminaux, y compris les interfaces NT et les fonctions de navigateur Web. Quel que soit le cas, il faut se tenir à ce que dicte la réalité de chaque entreprise où il existe une configuration sur la base de laquelle celle-ci doit bâtir sa propre stratégie.

Emulateurs NC ?

Puisqu'il existe des émulateurs 3270 très populaires, on peut se poser naturellement la question de savoir s'il n'est pas possible d'avoir aussi des émulateurs NC.

Pourquoi un matériel unique pour le NC ? Pourquoi ne pas émuler un matériel NC de la même façon que l'on émule le terminal 3270 ? C'est une question complexe qui mérite l'attention. Plusieurs attributs de contrôle de coûts associés au NC (stockage central et gestion de la plupart des codes d'application et des données de l'entreprise, par exemple) s'appliqueraient au NC émulé. Mais ce raisonnement peut entraîner une hiérarchisation des utilisateurs de NC.

Les vendeurs de NC n'ont pas proposé de plans pour les émulateurs (utilisables sur PC standard) qui précisément reprendraient leurs produits NC. Chaque vendeur, à l'exception d'Oracle, insiste sur le fait que son produit n'a pas l'intention de "tuer" le PC. Mais ces vendeurs, fournissant un émulateur NC, semblent négliger une autre question importante pour la stratégie : avec l'émulateur NC, il seraient en train d'aider à faire passer les applications PC vers les applications NC, sans que cela entraîne l'abandon des PC par les utilisateurs.

La stratégie unique du "tout Java" de Sun peut offrir une voie plus facile pour une migration en douceur, car les systèmes d'exploitation de bureau devraient supporter, normalement, la *Java Virtual Machine.* Selon un tel scénario, les utilisateurs de PC peuvent commencer à développer des outils basés sur Java et centrés sur le NC dans leurs environnements natifs. Ceci peut être un avantage de Sun face à d'autres vendeurs de NC, en rendant ainsi plus difficile la création de l'environnement NC sur PC.

Les navigateurs

La performance des navigateurs, pour un utilisateur Web Internet typique et, probablement, pour beaucoup d'utilisateurs Web Intranet, dépend directement du cache local pour les pages Web. A l'exception de la station HDS, aucun cache local ne doit être en mémoire ; cela implique une mémoire plus grande que les unités de 16 Mb annoncées par chaque vendeur comme typique ou recommandé. Le positionnement du NC a fait baisser les prix du navigateur. Il résulte qu'il est difficile de donner une estimation de la performance du navigateur, car il n'existe pas de mesure acceptée par tous.

Ce problème se retrouve, d'ailleurs, dans de nombreux domaines, qu'ils s'agisse d'informatique ou de télécommunications. Les premiers vendeurs ont tous des navigateurs propriétaires, mais refusent de comparer leurs navigateurs avec la livraison actuelle de Netscape en termes de fonctions, caractéristiques ou compatibilité.

Web html

Tant que les fonctionnalités et options de html, utilisées sur le web, ne se *stabilisent* pas, il faut tenir compte du fait que la compatibilité html est un point important à considérer pour une transition vers le NC. Comme les navigateurs Netscape tendent à définir un html web, les vendeurs NC se préparent à discuter de la compatibilité et de l'actualisation des leurs navigateurs ainsi que de la performance de ceux-ci.

Interfaces d'administration universelle du NC

Chaque vendeur NC a indiqué sa propre voie pour l'administration et la gestion du NC. Ce qui ne semble guère souhaitable dans la bataille entre NC et NetPC. Il faudrait donc exploré des fonctions d'administration, par exemple SNMP MIB pour le NC.

Les coûts de maintenance des réseaux peuvent réduire à néant les gains apportés par le NC. En effet, les coûts de support du côté serveur peuvent neutraliser les épargnes du réseau. Selon les vendeurs d'Internetworking, ceux qui s'engageraient dans l'adoption des NC devraient supporter un véritable fardeau sur leurs infrastructures LAN et WAN, même au cas où l'on imagine que les coûts puissent facilement dépassé l'épargne prévue. L'accroissement de la bande passante nécessaire pour les réseaux deviendrait alors dramatique. Les charges du seul WAN épongeraient les gains réalisés par l'achat de NC plutôt que de PC.

Les vendeurs de serveurs font des remarques similaires : ces machines auront besoin d'être alimentées et regroupées pour garantir aux utilisateurs une plus grande performance et une meilleure fiabilité.

Java

Java aura une part importante du marché pour le développement de nouveaux logiciels, mais il ne sera pas le seul, car il existe des systèmes propriétaires (des millions de dollars ont été investis dans ces systèmes logiciels écrits dans d'autres langages que Java). Le problème pour la plupart des entreprises est celui de l'intégration de leurs applications, et non la création de nouvelles applications. Les nouvelles applications écrites en interne deviennent de ce fait des sous-systèmes des systèmes propriétaires actuels et ne sont pas isolées.

La performance de Java est liée à sa portabilité : les programmes Java sont exécutés par la machine virtuelle, qui est simulée par le logiciel sur l'ordinateur [SAL 96]. Mais la performance d'exécution ne pourra pas devancer celle de l'exécution directe du code sur la machine, au moins théoriquement. Tant que les compilateurs JIT peuvent potentiellement réduire ces pénalités des performances en convertissant le *bytecode* en code machine natif, le code résultant ne sera pas portable et les coûts de compilation du bytecode seront lourds si le programme résultant est exécuté fréquemment.

Java élimine la plupart des problèmes de programmation liés à la gestion de la mémoire en fournissant une poubelle automatique. La JavaVM exécute constamment un *thread* de priorité inférieure qui libère la mémoire par blocs non utilisés et les retourne vers un espace de mémoire libre. C'est un avantage de Java, néanmoins il crée des problèmes de performance. Lorsque la mémoire disponible pour une application Java augmente peu ou s'épuise, la JavaVM est obligée de passer beaucoup de temps pour récupérer la mémoire inutilisée. Ceci entraîne la suspension de l'application ce qui n'est pas une bonne chose lorsqu'il s'agit de systèmes sensibles aux temps critiques. En plus, il existe des cas où les applications utilisent la mémoire en fonction du volume de travail qu'elles font ; la charge augmentant la mémoire occupée dans les systèmes (récupération des données utilisées), tend à le forcer à interrompre le traitement de l'application, d'autant plus fréquemment, que l'application est plus lourde à charger. Même si des efforts sont réalisés, on peut être sceptique sur l'adaptation de Java pour les grands volumes, pour un environnement serveur lourdement chargé ou pour des environnements avec des contraintes d'exécution dépendant des temps critiques.

Comment fonctionne le NC ?

Avec un NC, les applications et les données résident sur les disques durs des machines du serveur Web. Ces données sont accessibles et traitées par un navigateur Web (par exemple, le Navigateur de Netscape ou le HotJava de Sun) du bureau, installé dans le NC. Lorsque la machine tourne, le système opérationnel est chargé automatiquement sur le navigateur Web installé. Pour avoir accès à une applet (application écrite en langage de programmation Java), les utilisateurs pointent et cliquent sur le nom approprié sur le navigateur. Celui-ci charge la dernière version de l'applet (un spreadsheet, par exemple) depuis le serveur Web vers le bureau client où l'utilisateur peut traiter les données. De plus, pour des utilisations de calcul plus intensifs, le logiciel peut être configuré de manière à tirer parti des serveurs pour traiter le nombre de coupures, l'alimentation en temps réel, etc.

5.3. Systèmes centrés sur les Nets

Au centre de ces nouvelles formes de communication se trouvent les réseaux informatiques et les réseaux des télécommunications. Ces réseaux vont du simple LAN d'entreprise à l'Internet. L'Internet est, en effet, le réseau prototype qui permet de mieux comprendre les enjeux et la portée de cette nouvelle étape. Il s'agit d'étudier les principales caractéristiques de l'Internet qui préfigurent, celles de ce que l'on appelle network-computing. L'implémentation de l'Internet et la diffusion de ses "cousins" appelés Intranets, Extranets, Contranets, etc., fait partie du phénomène de l'explosion des technologies de l'information que nous sommes entrain de vivre.

5.3.1. *Première vague de Nets : Internet*

Nous savons déjà que les ordinateurs qui parlent à des ordinateurs utilisent des protocoles, c'est-à-dire des règles ou accords sur la manière de communiquer entre eux.

Deux ordinateurs doivent utiliser le même protocole pour communiquer. Le TCP/IP (*Transmission Control Protocol/Internet Protocol*) est le protocole standard d'Internet pour permettre cette communication entre ordinateurs connectés à l'Internet.

Résumons rapidement les formes de connexion à l'Internet. Ces connexions qui ont un caractère de plus en plus universel tendent à se généraliser, permettant d'atteindre pratiquement tout usager possédant un équipement informatique minimal. La figure 5.2 donne une vue générale de l'accès à Internet.

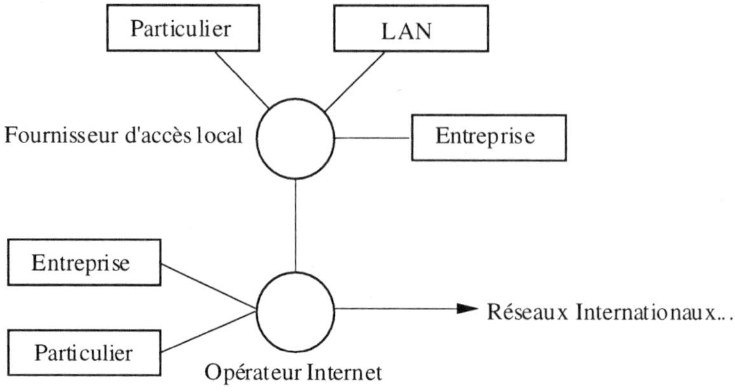

Figure 5.2. *Connexions Internet*

5.3.2. *Client serveur généralisé*

Le client serveur généralisé est en rapport avec l'implémentation de l'Internet et des technologies qu'il véhicule, l'une d'entre elles jouera un rôle déterminant : c'est le Web. Dans cette section, nous présentons les différentes formes d'adressage Internet, qui, en se généralisant, vont permettre aux matériels de s'identifier et de pouvoir dialoguer. Cette étude pose la question de l'Internet dans l'entreprise.

Nous savons déjà que l'une des caractéristiques saillantes des systèmes de communication actuels, et à fortiori de ceux de l'avenir, est son recentrage autour d'un réseau. La puissance de traitement des mainframes et des PC se diffuse alors à travers cette entité réseau. Il faut donc regarder le système dans son ensemble et le décliner dans ses parties composantes sans jamais perdre de vue cet ensemble. Il se produit, en outre, une multiplication des potentialités du système dont les retombées ne seront positives que si elles n'entraînent que de faibles changements dans les comportements des systèmes, des interfaces homme-machine et, bien entendu, des opérateurs eux-mêmes.

Soulignons, au passage, qu'il ne faut pas confondre le phénomène de diffusion de puissance avec un autre phénomène qui, lui aussi, se développe : le regroupement. Ce dernier cherche aussi à créer plus de puissance, mais en réunissant des PC dans le but stratégique de concurrencer les mainframes. Cependant, ce phénomène ne peut pas être considéré comme étant l'inverse du précédent ; il se peut même qu'il surgisse des synergies entre les deux, dans la mesure où le rôle des serveurs est appelé à se modifier considérablement. C'est l'un des points-clés à revoir dans la stratégie informatique des entreprises pour les années à venir.

Internet dans l'entreprise

Les services en ligne et les protocoles *gateways* se développent et il devient commun pour les entreprises de baser leurs réseaux internes sur le protocole TCP/IP. Pratiquement, tous les systèmes d'exploitation, depuis le DOS sur PC au MVS des mainframes, peuvent communiquer en se servant du protocole TCP/IP. En organisant le réseau autour de TCP/IP, l'entreprise gagne en flexibilité et simplifie les processus qui permettent d'interfacer les réseaux internes avec Internet. TCP/IP peut tourner sur Ethernet, Token-Ring, FDDI, lignes en séries et autres topologies d'accès aux réseaux. Comme la plupart des réseaux d'entreprise, incluent ces technologies, TCP/IP peut devenir le protocole qui permet de les faire fonctionner ensemble.

Adressage

Pour construire un réseau basé sur TCP/IP, un point capital est l'adressage. Contrairement aux protocoles comme IPX, qui orientent les adresses du réseau dynamiquement, généralement en lisant l'adresse de la couche MAC de la carte d'interface du réseau, les adresses TCP/IP doivent être assignées aux machines dans leur travail. Une adresse TCP/IP est une entité 32-bit faite d'adresses du réseau et d'adresses de nœuds, généralement représentées par une notation décimale, séparée par des points. Même s'il est commun de diviser l'espace d'adresses avec 16 bits pour l'adresse du réseau et 16 bits pour l'adresse du nœud ; cette voie dépend du nombre d'ordinateurs connectés au réseau.

L'adressage est un concept central de l'Internetworking. Dans l'Internetworking, les adresses d'un matériel sont le seul moyen d'identification. Les adresses sont généralement numériques et ont un format bien défini. Il faut donner une adresse unique pour s'identifier selon un format standard. Dans les réseaux routés, l'adresse a au moins deux parties : une zone et un nœud (hôte)

Le réseau se réfère à un ensemble de machines connectées au même fil physique. Si deux machines sur Internet ont des adresses avec le même numéro de réseau, elles sont localisées dans le même réseau. L'adressage correct nécessite que les matériels connectés à un même réseau aient le même numéro de réseau. Chaque réseau sur Internet a un même numéro et chaque nœud sur le réseau (machine ou périphérique) doit avoir un numéro unique dans ce réseau. Lorsqu'il y a des nœuds multiples simultanés, il existe des adresses spéciales appelées broadcast ou multicast adresse.

Structure de l'Internetwork et allocation d'adresses.

Pour construire un réseau compatible Internet, il faut à la fois une structure physique de la topologie de l'Internetwork interne et les procédures et/ou l'infrastructure pour assigner les adresses aux ordinateurs de l'entreprise. Beaucoup d'entreprises font une approche au cas par cas dans ce domaine, soit par ignorance soit parce qu'elles sont pressées par le temps. Tôt ou tard, elles le regrettent parce que leur performance se dégrade ou que la fiabilité s'affaiblit. Il est vrai qu'un planning précis prend du temps mais rend la vie plus facile à long terme.

5.4. Intranet et client serveur

L'Intranet est tout simplement l'application de ces technologies dans une entreprise ou un groupement d'entreprises [SAN 96]. C'est une sorte d'*Internet interne.* Mais toute analogie s'arrête là. En effet, l'Intranet a son propre cadre, son propre développement, sa propre stratégie d'implémentation et ses propres contraintes. Or, il se trouve que les technologies Internet sont beaucoup plus significatives et exploitables dans le cadre d'un LAN local, directement que dans des routes associées d'accès plus lent, dial-up, avec un accès local typique à l'Internet.

Approches orientées client

Les applications orientées client peuvent convenir à certains sites ; la plupart d'entre eux souhaitant opter pour une approche plus orientée client de leurs services Internet. En configurant les ordinateurs de bureaux avec la pile du protocole TCP/IP et le logiciel d'application Internet, on libère la charge du traitement des systèmes hôtes tout en fournissant aux utilisateurs des applications graphiques de grande qualité. Mais l'installation de ce logiciel peut être à la fois complexe et consommatrice de temps, d'où l'importance d'avoir une planning avancé pour répondre à ces besoins.

Utiliser Internet comme dorsale de l'entreprise

Développer un réseau d'entreprise n'est pas sans risques ni défis. L'un des principaux problèmes consiste dans le fait que la plupart des entreprises continuent de dépendre des technologies de networking propriétaires pour la plupart de leur systèmes de production. Comme l'Internet est un réseau TCP/IP, les entreprises se trouvent confrontées à deux options lorsqu'elles envisagent d'utiliser l'Internet comme dorsale. Une option serait de convertir tout leur système de production à l'utilisation de TCP/IP comme technologie de réseau de liaison. L'autre solution serait de trouver une voie pour faire passer le trafic du réseau propriétaire à travers l'Internet. Les deux solutions sont possibles.

Novell et Microsoft, ont dépendu pendant des années des protocoles de réseau propriétaires sur leur systèmes d'exploitation de réseau. Maintenant les deux entreprises fournissent des technologies qui permettent aux utilisateurs d'accéder aux serveurs de réseau sur TCP/IP. Novell offre NetWare/IP qui boucle avec NetWare. Mais il a certaines limites, par exemple il ne peut pas fonctionner avec des piles de protocoles non-Novell TCP/IP. Microsoft a des capacités similaires dans son système d'exploitation Windows NT. Ces deux options sont viables mais chacune d'elles exige la restructuration de l'infrastructure existante.

La sécurité

La sécurité est un autre problème des entreprises qui cherchent à utiliser l'Internet comme dorsale. Même si des progrès significatifs ont été réalisés à travers le développement de firewalls et de technologies d'encryption, beaucoup reste à faire avant que ces systèmes ne deviennent réellement invulnérables. Le problème est de savoir de quel niveau de sécurité on a réellement besoin. Lorsque l'on parle de sécurité informatique, beaucoup d'entreprises s'engagent dans le principe bien connu du "minimaxing". Appliqué au networking, cela se traduit fréquemment par des réseaux privés avec un accès public. Il est facile de comprendre la logique dans ce cas, mais dans l'étape du commerce électronique qui explose, il est préférable de réévaluer certains de ces principes.

Les entreprises venant à l'Internet, doivent prendre des mesures de sécurité qui minimisent l'exposition aux risques en fonction de ses intérêts. Pour cela il faut comprendre, quels sont les risques pour ensuite définir une stratégie adéquate et éventuellement se faire conseiller pour un spécialiste.

5.5. Le Web

Il s'agit maintenant d'aller vers une informatique d'entreprise centrée sur le Web. Le modèle client/serveur classique va donc subir des évolutions pour passer à cette informatique centrée réseau. C'est dans ce cadre que vont intervenir plusieurs éléments nouveaux touchant directement la stratégie informatique des entreprises. L'un de ces éléments sera sans doute le NC, représentant un point important dans la restructuration des systèmes de communication.

5.6. Extranet

L'Extranet est un espace virtuel, créé à partir d'un réseau informatif et interactif et des interfaces clients/fournisseurs, fournisseurs/sous-traitants ou usagers/administration. Sa topologie est déterminée par les intérêts communautaires. Il peut être à la fois ouvert (consultation d'un répertoire, livret, catalogue, document), sectoriel (propre à un marché spécifique) ou privatif (sous-traitance, entreprise étendue).

L'un des principes de base de l'Extranet est de permettre l'accès à une partie des informations d'un groupe afin de favoriser des échanges qui généreront des plus-values de tous ordres. Cet accès aux échanges ne peut se faire que dans un espace délimité pour permettre la participation du plus grand nombre. L'Extranet est un espace qui créé et détermine ses propres limites lui-même, comme le font en quelque sorte les forums Internet actuellement. Ces derniers ne sont que des conversations sur un sujet donné, alors que l'Extranet va offrir, en plus, un maximum de services et de confort aux participants dans la relation.

5.7. Architecture NCA

Afin d'avoir de véritables applications professionnelles des technologies Internet, Oracle propose sa *Networking Computing Architecture* (NCA). Au cœur de la NCA se trouvent des standards ouverts : CORBA 2.0 et HTTP/HTML. L'idée de la NCA est de mettre à l'abri, les entreprises et les développeurs, des risques inhérents à l'évolution rapide des technologies, en proposant une architecture basée sur les standards permettant d'unifier le client/serveur, le Web et les objets distribués. Le support des principaux standards, garantit au client, le choix du langage convenant le mieux à chaque application et un modèle de programmation permettant un développement rapide.

La NCA associe les technologies du Web, HTTP et HTML, aux technologies objet de CORBA 2.0 pour constituer une base de l'informatique distribuée de l'avenir. CORBA 2.0 est une technologie qui permet de mettre en œuvre concrètement un environnement objet distribué. CORBA 2.0 s'appuie sur l'IIOP pour l'interopérabilité des objets et sur l'IDL pour la définition d'interfaces indépendantes des langages. En outre, Java assure la portabilité et l'extensibilité à tous les niveaux de l'architecture. Par ailleurs, la NCA supporte et renforce les clients *ActiveX/COM* à travers les spécifications ouvertes d'interopérabilité, COM/CORBA, ratifiées par l'OMG.

Cet ensemble ouvert permet aux développeurs d'utiliser et d'assembler les composants les mieux adaptés pour créer des applications apportant de réels avantages. Il est alors possible de créer des applications pour le Web et pour les réseaux d'entreprise qui associent :

– la robustesse de l'univers client/serveur,
– la facilité, la souplesse et les faibles coûts de déploiement du Web,
– les mécanismes de composants du monde objet.

La NCA permet ainsi à toute application client/serveur existante, de tirer parti des technologies Web avec peu de modifications. Les nouvelles applications peuvent s'intégrer de manière transparente et exploiter les avantages des systèmes client/serveur existants, sans bouleverser l'infrastructure.

Les principaux composants de la NCA sont :

– des objets que l'on peut intégrer dans l'infrastructure, appelés cartouches. Ils sont indépendants et fournissent des fonctionnalités très variées ;

– des protocoles ouverts et des interfaces standardisées permettant la communication entre les cartouches, via un bus logiciel appelé Inter Cartridge Exchange (ICX) ;

– des clients, des serveurs d'applications et des serveurs de bases de données extensibles ;

– des outils intégrés de développement et de gestion des cartouches.

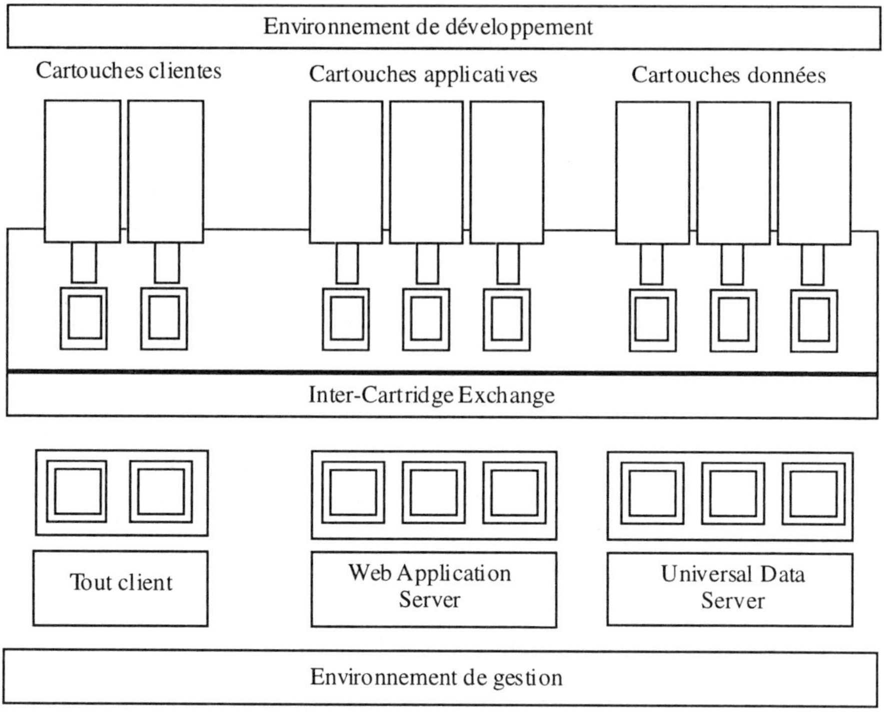

Figure 5.3. *Vue générale de la NCA*

Conclusion

Ce livre a présenté les enjeux principaux du Network Computing, prouvant que ce dernier, va bien au-delà de la stratégie des constructeurs informatiques. Au centre de ce nouveau concept, se trouve l'évolution des architectures informatiques, du système classique de postes clients autour d'un serveur central jusqu'à celui centré autour du réseau.

Cette nouvelle architecture, dont la NCA (*Network Computing Architecture*) est un exemple, arrive au moment où se produit l'explosion des technologies Internet, et grâce à elles revêt ainsi une dimension encore plus globale. Face à cela : comment se positionner ? Quelle stratégie suivre ? Pourquoi et comment mettre en place cette nouvelle architecture informatique ? Que faire ou ne pas faire ? Ces questions n'ont, malheureusement pas, une réponse unique.

Il est important de prendre en compte dans ses choix la situation informatique actuelle et de procéder par étapes tout en essayant d'intégrer le maximum d'éléments afin d'essayer d'obtenir une vue d'ensemble. A titre de réponses, nous proposons deux exemples.

Le premier part simplement du NC. Le tableau ci-après compare 4 produits, suivant les spécifications générales, les considérations matérielles, logicielles et de connexion dont il faut tenir compte [BRO 96]. L'étude de ce tableau aide à positionner le NC dans l'architecture informatique actuelle, en fonction des capacités nécessaires de mémoire, des périphériques, des connexions existantes, etc.

Spécifications Générales				
Constructeur	SUN	IBM	Boundless Technology	Oracle
Puce	Sparc Puces Java à venir	PowerPC 403 (33MHZ), avec 66MHZ et 603 à venir	Intel i960 (plusieurs vitesses)	ARM7500 ou Pentium
Mémoire	8-64Mb 8Mb standard	8- ?Mb 16Mb recommandé	8-64Mb 16Mb typique	4Mb
Spécifications matériels, logiciels et périphériques				
Disque	non	non	non	non
Disquette	non	non	à venir	non
CD-ROM	non	non	non	non
Clavier	PC Standard	PC standard options 3270, 5250	PC Standard	PC, infrarouge
Souris	PC, 2 boutons	PX/2, 2 boutons	PC, 2 boutons	PC, Infrarouge Joystick
Modem	non inclus, support externe	non inclus, pas de support	non inclus support externe	non intégré
Taille du NC	Station X typique	très petite	stations X petite	variable
Dial-up (async)	à venir	à venir	oui	oui
Ethernet	10BaseT	10BaseT	standard	non
Tokeng Ring	à l'étude	oui, alternative à l'Ethernet	à venir	non
Coax/Twinax	non	oui	non	non
Autre connexion	non	ATM	non	non
SLIP	non	à venir	oui	oui
PPP	à venir	non	oui	non
IP (via LAN)	oui	oui	oui	oui
Support 3270	tn3270 écrit en Java	tn3270	tn 3270	non indiqué
Support 5250	tn5250 écrit en Java	tn5250	non	non indiqué
Plates-formes	Solaris, autres à venir	AIX OS/390, AS/400, OS/2, NT et UNIX	Solaris, AIX	HP, UN, NCR
Impression locale	non	oui, postcript	oui, mais élémentaire	non indiqué
Application de courrier	oui, MP4	via browser et POP	non indiqué	non indiqué

Tableau de comparaison des produits NC

Le deuxième exemple concerne l'architecture basée sur Java. Pour mettre en place cette architecture, il faut partir des éléments suivants :

- un réseau d'entreprise ou Intranet, basé sur TCP/IP avec un LAN (10-baseT de vitesse minimum), plus une connectivité WAN, lorsqu'elle est nécessaire. L'Intranet peut être un simple LAN Ethernet TCP/IP avec un serveur Web, ou bien un réseau TCP/IP global avec de multiples sous-réseaux et une dorsale (*backbone*) à grande vitesse ;

- un serveur Web pour servir les pages HTML et des applets Java aux clients dans l'Intranet de l'entreprise. Ce serveur peut être répliqué, afin d'accroître le nombre de clients supportés, sans pour autant alourdir la fonction administrative ;

- une base de données, des fichiers, du courrier et un service de répertoire ainsi que d'autres fonctions dédiées, accessibles aux applets des clients Java. Dans une petite installation, ces services peuvent se trouver dans le même serveur que le Web et les applets ;

- un système de gestion intégrée pour les serveurs dans les réseaux et les clients qu'ils soient légers ou non, intelligents ou non.

Liste des acronymes

ATM	: Asynchronous Transfer Mode
CGI	: Common Gateway Interface
CORBA	: Common Object Request Broker Architecture
CSMA/CD	: Carrier Sense Multiple Access Coalision Detection
EMI	: Electromagnetic Interferences
FDDI	: Fiber Distributed Data Interface
FTP	: File Transfer Protocol
GUI	: Graphic User Interface
HTML	: Hypertext Markup Language
HTTP	: Hypertext Transfer Protocol
ICMP	: Internet Control Message Protocol
IGRP	: Interior Gateway Routing Protocol
IDL	: Interface Definition Language
LAN	: Local Area Network
MAU	: Multistation Access Unit
MIS	: Management Information System
NCA	: Network Computer Architecture
NIC	: Network Interface Card
OSPP	: Open Shortest Path Protocol
OSI	: Open System Interconnection
PDA	: Personal Digital Assistant
RIP	: Routing Information Protocol

STP	: Shielded Twisted Pair
SMTP	: Standard Messaging Transfer Protocol
TCP/IP	: Transmission Control Protocol/Internet Protocol
URL	: Uniform Resource Locator
UTP	: Unshielded Twisted Pair
VLAN	: Virtual LAN

Bibliographie

[BRO 96] BROWN D.H. associates inc., NC Reports Product Choice Departmental and Desktop Computing, 1996.

[ECK 96] ECKEL George, STEEN William, Intranet Working, New Riders, Indianapolis, 1996.

[GLE 96] « Glennet, First European Workshop on Global Engineering Networking », Ed. Andreas Sabin, HNI, Paderborn, Allemagne, 1996.

[MAD 97] MADDALENA P., *Le multimédia pour l'entreprise*, Editions Hermès, 1997.

[PEL 97] PELLAUMAIL J., LEGUESDRON P., BOYER P., *Autoroutes ATM*, Editions Hermès, 1997.

[ROL 97] ROLIN P., MARTINEAU G., TOUTAIN L., LEROY A., *Les réseaux, principes fondamentaux*, Editions Hermès, 1997.

[SAL 96] SALEH I., *Les langages de développement sur Web*, Editions Hermès, 1996.

[SAN 85] SANDOVAL V., « Evolution de l'emploi d'information en France », rapport OEST, Ministère des transports, 1985.

[SAN 93] SANDOVAL V., *CALCS Introduction et mise en œuvre*, Editions Hermès, 1993.

[SAN 96] SANDOVAL V., *Intranet, le réseau d'entreprise*, Editions Hermès, 1996.

[SAN 97] SANDOVAL V., Concurrent Entreprises Process et PALLOT M. Free Project ; Proceeding ICE'97, edited by K. Pawar, université de Nottingham, October 1997.

[STO 91] STOCKFELT T., *La pedagogia de la vida del Trabajo*, ALP-Latin, Stockholm University, 1991.

[TRI 97] TRIFOT A., *Extranet*, Editions Hermès, 1996.

CET OUVRAGE A ÉTÉ COMPOSÉ
PAR LES ÉDITIONS HERMÈS
REPRODUIT ET ACHEVÉ D'IMPRIMER
PAR L'IMPRIMERIE FLOCH À MAYENNE
EN DÉCEMBRE 1997.

DÉPÔT LÉGAL : DÉCEMBRE 1997.
N° D'IMPRIMEUR : 42712.
Imprimé en France